精准社交

更有效地拓展和维护优质人脉

王 涛◎著

广东旅游出版社

GUANGDONG TRAVEL & TOURISM PRESS

悦读书·悦旅行·悦享人生

中国·广州

图书在版编目（CIP）数据

精准社交 / 王涛著. — 广州：广东旅游出版社，2017.12（2024.9重印）
ISBN 978-7-5570-1180-2

Ⅰ.①精… Ⅱ.①王… Ⅲ.①社会交往 - 通俗读物 Ⅳ.①C912.3-49

中国版本图书馆CIP数据核字（2017）第294829号

精准社交

JING ZHUN SHE JIAO

出 版 人	刘志松	
责任编辑	李 丽	
责任技编	冼志良	
责任校对	李瑞苑	

广东旅游出版社出版发行

地 址	广东省广州市荔湾区沙面北街71号首、二层	
邮 编	510130	
电 话	020-87347732（总编室） 020-87348887（销售热线）	
投稿邮箱	2026542779@qq.com	
印 刷	三河市腾飞印务有限公司	
	（地址：三河市黄土庄镇小石庄村）	
开 本	880毫米×1230毫米 1/32	
印 张	9	
字 数	187千	
版 次	2017年12月第1版	
印 次	2024年9月第2次印刷	
定 价	59.80元	

本书若有倒装、缺页影响阅读，请与承印厂联系调换，联系电话 0316-3153358

关键就是要"精准"

对于现代的中国人来说，也许最应该提的两个字就是"精准"。毫不夸张地说，中国从来不缺乏聪明人，也从来不缺乏能够做大事的人，但是中国缺乏那种能够将事情踏踏实实地做得精准和到位的人。

也许是由于历史的原因，也许是由于教育的原因，中国人一向对于国家的大事比较关心，而往往对自己身边那些擦擦桌子、扫扫地之类的小事不屑一顾。即使不幸被分配去做擦桌子、扫地之类的小事，必然也是做得马马虎虎差不多就马上收手，随后就整天幻想自己将来如何出人头地，而不愿意再在自己眼前的工作上面多动脑子，不去琢磨如何才能够更好更快地把桌子擦干净，把地扫干净，因为在中国人的思想里大事和小事是分得一清二楚的。

中国人痛恨做小事，这样的结果就是大家做事的时候都嫌麻烦，尤其是做小事的时候。而且这种不良的习气总是像瘟疫一样不断地传染给那些曾经试图把每一件事情都做好的新人。

其实，很多中国人不知道对小事藐视，做小事做得不精准，同样也会影响到做大事。中国有句古话："千里之堤，溃于蚁穴。"小事做不好、做不精准就意味着一种责任感的严重缺失，更重要的是世间万物往往都存在着千丝万缕的联系，因此，我们很难说究竟什么事大什么事小。

树上掉下个苹果这样的事情太小了，但是牛顿从中发现了万有引力定律；烧开水壶盖被冲开这样的事情也太常见了，但是瓦特从中得到启示改良了蒸汽机。为什么现代科技的曙光出现在西方而不是中国呢？为什么世界五百强企业中，中国企业寥寥无几呢？为什么？

这一系列的为什么确实值得我们深刻反思。

是的，关键就在于我们对自己的要求太高又太低了，我们总是要求自己去做大事去干大事业，但我们做事的时候又总是差不多就行了，总是马马虎虎能够过关就行了。这种错误的观念和想法害了太多的人，也害了太多的企业。

所以，我们组织了一批在企业管理和社会工作方面颇有经验的学者编著了这一套职场自励丛书，选取了人生最关键的四个方面——沟通、做事、社交、管理，全面阐述了现代中国人在这四方面做得精准的方法和技巧。

在今天这个日新月异的时代，在我们的民族再次碰到历史机遇的时候，我们每一个中国人都应该觉醒，牢牢地把握住机会。作为社会生活中的人，我们应当"精准沟通"；作为企业和单位的人，我们应当"精准做事"；作为社会交往中的人，我们应当"精准社交"；作为企业的领导人，我们应当"精准管理"。

如果千百万的中国人能够真正地将这四方面做得精准而到位，我们这个国家和民族又何愁不能真正地实现中华民族的伟大复兴呢？

第一章　精准社交从交往定律开始

第二章　心态好，朋友自然多

第三章　最重要的就是与人相处

第四章　化解社交中的矛盾

第五章　那些不能忽视的社交技巧

第六章　塑造一个更受欢迎的形象

第七章　社交场合你会表达自己吗?

第八章　闻名不如见面

第九章　生活中的社交礼仪

第十章　商务活动的社交礼仪

第一章

精准社交从交往定律开始

交际越是广泛，越是感到幸福，这就是人类社会的起因。

——福泽谕吉

人际交往中的定律

人与人之间相互影响和相互制约形成我们日常接触的简单人际关系。人际交往中我们总是面对着别人，同时也在被别人面对着，彼此就如同是对方的镜子一般，因此，这是双向的活动。从这双向性中，我们可以看到人际交往中的四条心理定律，了解它对于你理解他人的行为会有所帮助。

第一，交换律。在别人需要帮助时，能毫不吝惜给予帮助的人，在关键时刻，他也能得到友人的帮助。众所周知，心理健康的人，都渴望沟通理解，渴望结交值得信赖的朋友。交换律就是，在人际交往中，付出忠诚纯真的友情会赢得相应的友情。

第二，竞争律。在人际交往中，尤其是在才能相当或境况相似的友人之间，人往往会产生一种潜意识的超越别人的欲望，这是一种潜在的竞争意识。竞争似一把双刃剑，或是彼此促进，或是彼此记恨。我们应该把握这个交往的度，尽量使自己的交往行为能够产生促进和激励的积极效果。

第三，对等律。人与人之间是平等的，人际的关系是平衡的，感情上的交换也是大体相等的，例如内心相互暴露的程度、相互交心的深度与广度等都基本上是对等的，这样心理才平衡。反之，就往往会出现猜疑、不信任、不忠诚，影响正常关系。

第四，相倚律。人们的自我表现往往是根据对方的特点而采取相应的对策，所以，当我们希望与别人友好交往、保持亲密关系时，就得先用友善的态度和行为作为唤起他人相应行为的刺激源，并对他人行为做出积极反应。

与人相处的艺术

大千世界无奇不有，各人都有自己不同的行为方式，每个人都有自己不同的为人处世的方法，然而在日常生活中有这样一种人，总喜欢用自己的观点和看法去强迫别人顺应自己。他总要想方设法对别人嘴里说出来的话给予否定，总是和你争执不休，直到你因没有时间或没有精力而放弃和他的争执，他才会善罢干休。这种"常有理"的人该如何对付呢？

首先，避其锋芒。总是喜欢控制别人，"常有理"的人一般都爱锋芒毕露，只要有机会，就想表现自己，他不管后果如何，只求哗众取宠，用话噎住你。遇上这种人，你如果跟他较真，很难有个结果，而且还生一肚子气。不如避其锋芒，来个顺坡下驴，虽然嘴上没赢对方，但理上却赢了。

其次，装个糊涂，见缝插针。"常有理"的人自认为很聪明，常常有一种优越感，总爱用种种理由来反驳别人，以达到自己"有理"的目的。与其与这种人较真，不如装个糊涂，权当给个缝让他插针。

最后，心知肚明，不要纠缠。但凡能达到"常有理"的人，都伶牙俐齿，嘴头功夫硬，又虚荣心极强，总想在"常有理"中满足其虚荣心。如果你不让他的三寸不烂之舌得到满足，你就别想安宁。与其纠缠招烦，不如草草收场。

我们在日常生活中，遇上"常有理"的人并不可怕，怕的是找不出有效的应对办法。只要充满智慧，就能应付这类麻烦。

人际交往基本礼仪要求

首先要信守诺言。交往离不开信用，信用指一个人诚实、不欺、信守诺言，古人有"一言既出，驷马难追"的格言，现在有以诚信为本的原则。不要轻易许诺，一旦许诺，就要设法实现，自己力不能及的事情，从一开始就不要应承，切莫许下空头誓言。一个人不讲信用，说话不算数，容易让人反感，长此以往交不到朋友，正如华盛顿所说："一定要信守诺言，一定不要去做力所不及的承诺。"

其次，要尊重他人的隐私。外国人普遍认为，要尊重交往对象的个性独立，维护其个人尊严就要尊重其个人隐私。即使是家人、亲戚、朋友之间，也不例外。应注意不要主动打听外国朋友的年龄、收入、婚恋、健康、经历等。

最后，要注意女士优先。在国外，要求成年的男子，在社交场合，要积极主动地以个人的举止言行，去尊重妇女、关心妇女、照顾妇女、保护妇女，并时时处处努力为妇女排忧解难。要注意不要过于谦虚，在外国人看来，做人首先要自信。不敢承认个人能力的人，随意贬低自己的人要么事实上如此，要么是虚情假意，别有用心。

另外要注意尽量避免在人前交头接耳，会被认为有疑心病；女子捂嘴而笑，则认为是讥讽，或轻浮的行为；在大庭广众下化妆、梳理，也是一种丑态。介绍别人时，不能用食指指着对方，这是极不礼貌的行为。接受别人的名片时，应尊敬地双手接过，放入名片夹中，不可随便丢放。面对慈爱的长者时，不要跷起二郎腿，以显得性情浮躁、行事草率。参加宴会、聚餐时，在主客未离席前，先行告退有欠风度，也是不尊重主客的表现。参加婚礼，不要同新娘争妍斗艳。参加一般的宴会，女士不应穿短裙。男士穿西装时，要仪表端庄，不能为了舒适，经常敞开胸前衣扣，造成散漫的形象。进入餐馆中，有服务员带座时，应让同行的女士先行；如无服务员时，则男士须在前领路。就座时以右手拉椅，从左边入座。较好的座位应让给女士、客人或长辈们先坐。

准确把握自我交际角色

在交际中，如能根据交际的情境、氛围、场合、对象，对自己应扮演的角色迅速及时准确定位，那么，无疑会在纷繁多变、千差万别的交际活动中如鱼得水、游刃有余。如何才能扮演好自己的交际角色呢？

首先，要有尊严。尊严不能简单理解为面子、等同于脸皮，尊严更多地表现为一种自尊心、一种价值观、一种责任感，是一种不依附他人、自立于世的不屈不挠的奋斗精神。所以，人们把尊严视为至高无上的精神瑰宝。一个人有了尊严，才能挺起脊梁做人、堂堂正正做人。没有财富可以用双手和智慧创造，没有权利可以用法律手段争得。但是，一个人如果没有了尊严，那就将失去一切。

扮演主角不迟疑。在一些交际场合中，主角非你莫属。既然天降大任，便无需迟疑，更不必畏缩，而应当仁不让，有舍我其谁的气派。如果在该表现自己的时候畏畏缩缩、窝窝囊囊，便会让人小瞧，自己也觉得别扭。如果在生活中自己处于主角的位置，就不必顾忌，尽其所能，施展才华，方能让人佩服。

其次，甘做配角不僭越。无论你地位多高，都会有成为配角的时候。既为配角，只是陪衬红花的绿叶。此时，便要甘为人梯，为主角修桥铺路，切忌喧宾夺主。不难发现，该做配角而越俎代庖、喧宾夺主，是一种不识大体的表现，也是一种自我贬损的行为。一旦在生活中做配角，就应时时坚守自己的配角地位，起到绿叶衬红花的作用。

最后，若处中介不决断。交际活动中，诸如月老、经纪人、传递信息的人、穿针引线的人，地位比较特殊。天下婚姻许多靠月老成就，交易市场由经纪人中间说项以促成交易。这些中介身份的人要明白自己非当事人，因而，对事情本身进展，可以起催化作用，但忌讳忘记自己的角色，贸然对事情做出决断。中介人对自己角色有了明确认识，准确定位，才会成就好事，令人赞叹。

赢得一致好评

作为社会生活中的一个单元而言，个人为人处世的结果最能在周围人对他的评价中得到较为公正的评判。人都生活在社会中、生活在工作圈和朋友圈中，你的所作所为达到什么样的效果自然可以从工作伙伴和亲朋好友对你的态度中体现出来。一个人的成功自然要建立在一个相对稳定和谐的人际关系网的基础上，那么怎样才能使自己成为如此优秀、如此令人信服的对象呢？下面就分具体情况介绍一下。

首先，在工作中，需要用稳重、干练、高效来赢得领导的器重。通常而言，一个高效多才的部下最能获得领导的信任和青睐，自然由此获得领导的器重比较容易。你的才智必须通过平时的工作体现出来，而要借此体现出你的工作能力和成绩，必须在以下方面特别注意：

一是对领导交代的任务，尽量以高质量高速度的完美方式完成；

二是适当抓住时机向领导提合理化建议；

三是要多向领导汇报工作、介绍情况；

四是对领导们要一视同仁。

其次，在朋友圈和工作伙伴中要以德服人。要想获得同事、朋友、熟人等的赞赏、尊重，最重要的是靠自己高尚的品德去赢得人的信任和好感。讲求一种信念——"言必信，信必行，行必果"。做人要讲究诚信，尤其是在周围的交际范围中，你的一举一动都可能形成别人对你的评价。因此保持你一贯的诚信作风必将使你受益匪浅。

再次，对待亲友要一致，不可厚此薄彼。中国是讲究亲系的传统社会，敬老爱幼是传统美德。我们要注意的是，日常生活中主动承担一定的家务劳动；遇事多与家人商量；关键时刻要支持家人的事业。

最后，要以气质和特长给第一次接触的人留下深刻印象。第一印象在人们形成对你的看法方面起着举足轻重的作用。因此要特别注意以下两点：

一是要有一个高雅的气质，做到谦虚谨慎，不亢不卑，礼貌周全；

二是要显示出自己的特长，别人做不出的难题，你轻松解决，别人不明白的问题，你能一语道破。

社会中需要的文明社交氛围

社交对于成功的人生来讲其意义是极其深远的：它会使人拥有健康、开朗、豁达、自信的心理，营造和谐而丰富的人际关系；使人的才能被他人、被社会承认，更容易得到发挥，从而使人拥有更多的成功的机会。然而怎样才能取得成功的社交效果呢？这就需要掌握和遵守一定的社交艺术和准则，有一个比较文明的社交氛围。

一方面，要树立自己的良好形象，这是给人留下良好印象、让人喜欢的首要因素。

另一方面，要讲究礼仪，以平等交往、以礼相待作为社交活动遵循的准则，这是营造良好的社交氛围的重要条件。通过和气的交谈达到一种交往双方的平等互惠关系，达到双方皆赢的效果。

此外，掌握必要的社交艺术和秘诀也是应当的。如，真诚地关心别人，关怀对方比引起对方的注意更重要。以发自内心的热诚与微笑对待人。掌握倾听的艺术，做一名忠实的听众。认真倾听别人的谈话是对谈话者的尊重，对方因而也会把你视为知音。倾听不是在做姿态，而是一种尊重他人、欣赏他人的表现。记住对方的名字，交谈中准确而亲切地说出对方的姓名，会使对方觉得自己很重要，这是被人喜爱的最简单而又很重要的方法。时时用使人悦服的方法赞美人，是博得人们好感的好方法。在社交过程中，能够表现出对他人的宽容、忍让，绝不斤斤计较、小肚鸡肠，才是赢得别人信任的重要因素。俗话讲"宰相肚里能撑船"。一个对别人要求苛刻，而对自己则纵容宽恕的人是不会在社交圈交到真正值得信赖的朋友的。遇事大度，对生活看得很开，才能生活得快乐，朋友才能在与你交往中感染到那份关爱与欢欣。

克服社交中的不良习气

社会生活是每个人赖以生存不可缺少的，想要在社交过程中获得成功，必须注意以下几方面。

首先，应该保持平和的心态，不要妄自菲薄，不可一世。即使个人才学、相貌、前途、家庭等令人羡慕，也不可过分炫耀抬高自己，那样将令别人敬而远之。抱怨是一种不满情绪的发泄，偶尔为之是人之常情，若经常怨气冲天，甚至成为谈话主题，势必影响正常交往。生活中常会碰到吹牛吹得使人只能对他目瞪口呆之人。这种毛病，难得一两次，人人都会犯，很多时候只是为了保持心态平衡。但这种"技巧"用多了就有点滑稽。

其次，应该为人真诚。恭维本身无所谓高尚卑鄙，但切不可失真，成为媚气，让人厌恶。恭维得体，则可以和陌生人一下子变得亲近。人们大都喜欢自我赏识，不愿听别人发号施令。领导欲极强的人，如果再以干涉别人的生活为乐事，则很难结交到真正的朋友。

最后，要保持心胸宽广。心怀妒气的心理几乎人人都或多或少地存在着。关键在于用什么态度和方法对待它。妒而贬低对方是缺乏竞争力、缺乏自信心的表现，唯有超越别人才是积极的。在市场经济社会中，人与人交往，慎重对待经济关系是衡量一个人品质的关键，不要假充大方，切忌白吃白喝，应把账算清楚，不必自视清高、免谈金钱。在社交场合中，谈吐理应直率、大方、亲切、自然。

让别人高效地记住你的名字

在与形形色色的人的交往中，难免会有很多机会与原本陌生的人认识。如何让别人在交往的过程中迅速地记住自己的名字，就显得很有技巧性了。

一般来说，交际活动中，根据自己姓名的特点，在向他人介绍时加以解释、引申或联想，使介绍的话语既有个性又生动活泼，这样就很容易让陌生人一下子记住自己的姓名，并给他人留下良好的第一印象。具体说，分为以下几种方式。

利用名人式。要求必须是大家都熟悉的某个名人，讲出与名人姓名的异同。

自嘲式。对照姓名中的优势与自身长相的缺陷不足形成极大反差，自嘲口吻反而显示了自信的风度，给别人留下深刻印象。

释词式。即从姓名本身解释介绍。如石磊："我的名字由四块石头组成。"

理想式。如向红梅："我向往像红梅一样不畏严寒，坚强刚毅，在各种环境中都要努力。"

摘引式。如任丽群："大家知道'鹤立（丽）鸡群'这个成语吧，我是人（任），更想出类拔萃，因此叫任丽群。"

调换词序式。如周亚："我的姓名就是'亚洲'的倒读。"

利用诨名式。如朱玮辉："我的诨名叫'居（朱）委（玮）会（辉）'，正因如此，大家有困难来找我。"

激励式。如施大业："同学们，我们从五湖四海来到这里干什么？就是今后施展大业。"

比拟式。如杨光："阳光是人类生存必不可少的因素。我就是你们生活中不可缺少的好伙伴。"

此外还有诙谐、谐音、摹声、转折等方式。

个别姓氏的正确读音

在人际交往过程中，通常会遇到对他人姓氏读音不明而闹出笑话的问题。归结来说，读错别人姓氏的原因大多是，姓氏使用的汉字不少是冷僻字，稀奇古怪，又有很多是多音字，叫人读起来张口结舌，一头雾水。读错别人姓氏可能是依据思维习惯臆测，是少查字典的直接结果，有一些是语音知识欠缺的问题，如分不清楚翘舌音和平舌音，把周（zhōu）念成邹（zōu），总的来说有如下三种情况。

1. 纯粹做姓氏，不直接做语词也不做语素，而且读音唯一的。如：仉（zhǎng）、詹（zhān）、迮（zé）、妘（yún）、恽（yùn）、荀（xún）、禤（xuān）、羲（xī）、邵（shào）、亓（qí）、冼（xiǎn）、彭（péng）、逄（páng）、蒋（jiǎng）、郜（gào）、江（gāng），等等。这些汉字只做汉字使用，本身不是语词，似乎也不做构成语词的语素。必须注意，冼（xiǎn）和洗（xiǎn）是两个不同的姓氏，虽然它们的读音一致。顺便指出，肖和萧，是同一个姓氏，读音（xiāo）也相同，两字并行与汉字简化过程有关；丘和邱，读音（qiū）无二，但不是同一个姓氏，各有来历。

2. 既做姓氏又做语词或语素，而且读音唯一的。如李、郑、赵、黄、孙、钱、辛、谢、吴、伍、牛、乔、丁、刁、刀、马、方、卞（biàn）、毛、古、甘、丘、庄、江、严、何、庞、岳、施、骆、袁，等等。这些作为姓氏的汉字，都能与其他汉字组成语词，但它们的读音仍然不变，作为语词读什么音，做姓氏也读什么音。如春秋时有人名卞（biàn）和，语词有卞（biàn）急，都读作 biàn；唐太宗李世民之李、行李之李、瓜田李下之李，都读作 lǐ；舞蹈家刀美兰之刀、刀光剑影之刀、刀山火海之刀，都念作 dāo。

3. 既做姓氏，又做语词或语素，而且读音不是唯一的。如翟，作为姓氏读 zhái，有农民起义领袖翟让；作为语词读 dí，古书上指长尾巴的野鸡，人名用字有墨翟 (dí)。又如查，作为姓氏读 zhā；作为语词，一读 zhā，山查，一读 chá，检查。再如种，作为姓氏，一读 zhǒng，一读 chóng；作为语词，一读 zhǒng，种类、人种，一读 zhòng，种瓜得瓜、种豆得豆。

态势语言的作用

人们的感情流露和交流经常会借助于人体的各种器官和姿态，即所谓的态势语言。它作为一种无声的"语言"，在生活中被广泛地运用，在社交活动中有着特殊的意义和重要的作用。正确理解和运用态势语言无疑会给我们带来很多益处。眉毛能表达人们丰富的情感。如舒展眉毛，表示愉快；紧锁眉头，表示遇到麻烦或表示反对；眉梢上扬，表示疑惑、询问；眉尖上耸，表示惊讶；竖起眉毛，表示生气。眼睛是人体传递信息最有效的器官。在社交场合交谈时，目光正视对方的两眼与嘴部的三角区，表示对对方的尊重；但凝视的时间不能超过四、五秒，因为长时间凝视对方，会让对方感到紧张、难堪。如果面对熟人朋友、同事，可以用从容的眼光来表达问候、征求意见，这时目光可以多停留一些时间，切忌迅速移开，不要给人留下冷漠、傲慢的印象。嘴巴可以表达生动多变的感情。如紧闭双唇，嘴角微微后缩，表示严肃或专心致志；嘴巴张开成 O 形，表示惊讶；�’起双唇，表示不高兴；撇撇嘴，表示轻蔑或讨厌；咂咂嘴，表示赞叹或惋惜。

它能带给我们很多的帮助。如事业上的成功。良好的态势语言确实能帮你取得一项成功的事业。爱情上的成功。利用态势语言可以获得真挚、幸福的爱情，能帮你树立良好形象。人们在生活中所从事的活动是多种多样的，态势语言也是丰富多样的，适当熟悉并掌握这些态势语言，在社交实践中正确运用，将会为个人形象的塑造起到一定作用，有助于社交成功。

谦让的美德

人与人之间有时发生点摩擦或误会是难免的。遇到这样的误会或摩擦，你是宽厚让人，还是有理不让人？学会宽厚谦让，能让你和朋友的相处更加融洽。待人宽厚、懂得谦让，不仅有利于个人的身心健康，而且能使人与人之间的关系更加宽松、和谐、融洽、亲密。宽厚谦让能促进人形成胸怀大度的高尚品德。俗语说得好，待人和接物，礼貌又谦让。人敬我一尺，我敬人一丈。谦让是一种美德。愿我们在生活中发生误会时都能学会宽容、谦让，维护一个和谐的社会。

和他人产生纠纷时，应注意以下几方面。

首先，应心胸宽广，豁达大度，想方设法息事宁人。切不可仗势欺人，火上浇油。

其次，发生纠纷的当事人，应该互谅互让，把大事化小、小事化了。

最后，在日常生活和工作中，难免要发生一些磕磕碰碰的事情，如果双方都能主动退让，向对方道声"对不起"，就可缓解矛盾、平息事态。发生非原则性纠纷时主动退让，这不是懦弱的表现，相反，是理智的行为，是有涵养的表现。有的人认为这样做似乎失去了所谓的体面，有理无理均不让人，结果事态越闹越大，甚至酿成悲剧。

古人云："让得祥，争得殃。"谦让是一种美德。愿我们在生活中发生误会时都能拿出曹节"笑而受之"的肚量来。这样，我们就不会因为一点鸡毛蒜皮的事触犯刑律而悔恨终生，在社会的大家庭里就会少些冷酷多些温馨。

拒绝坏习惯

具有专业人士应有的干练形象，是获得事业成功的必备条件，然而不少人却忽略了对于习惯的要求。拙劣的表现只会破坏你的形象，生活中要注意避免以下不良习惯的形成。

一是对于时间观念的懒惰。这种毛病通常都是不自觉的，但显示了除自己外任何人任何事都没放在眼里。解决方法：尊重时间即尊重他人。不善于做自我批评。辩解会使你和领导之间产生裂痕，其潜台词是："不要随便惹我！"解决办法：对自己的行为负责，尽量不要找借口。

二是做事拖拖拉拉、毫无章法。这类人多害怕承担风险，工作久了，早已将工作当成例行公事。解决办法：将较重要的工作分成几部分进行。做事没有章法会让人觉得你做事不专心，显得缺乏组织能力。解决办法：随身携带记事本，记下重要人物、联系电话和事件。

三是性格不够成熟，容易被情绪左右以致分心。"你知道吗"及"那又怎样"的话语，言行举止不庄重、犹豫，足以毁掉你的专业形象和可信度。解决办法：多多学习，使自己尽快成熟起来。注意力经常转移，完全忘记事情该有的前后次序和轻重缓急。解决办法：处理事务前做出妥善计划。

处理人际关系的艺术

社会是人与人交流促进的场所，人际交往对于一个人的生活和工作都会起到非常重要的作用。社会在变革，观念在变化，以旧有的交际观念和感觉进行交际，就难以应付。那么如何在转型时期调整自己的交际观念？哪些方面的人际关系需要调整呢？

首先，个人必须认同社会的需要。当今社会对个人的束缚日趋减弱，但是，这种自由使个人在可选择的前提下失去了保障，要在社会上取得一席之地，就必须按自己的具体情况来不断适应社会的需求，使自己认同社会的需要。尤其是在企业中工作的人员，由原来的上下级变成雇用与被雇用的关系。这要求为自己定好位。如果你是上司，你的意图只需交待给下属；如果你是下属，对上司不光要尊重，更要服从。如此，你才能在交际活动中取得主动权。

其次，邻里关系要在互助中得以发展。随着城市楼房建设的发展，各家的独立性增强，邻里间联系必然会淡薄，但人们需要交流，需要相互帮助，这就要求大家增强主动性，加强沟通联系，建立良好的邻里关系。夫妻关系要不断平衡。随着妇女经济地位的提高，转型时期夫妻关系要和谐，必须不断在调整中平衡。若妻子工作忙，丈夫便要多承担家务，接送孩子、炒菜做饭，而不能死守旧的夫妻观念。

最后，同僚关系要在意会中和谐相处。随着社会类型的转化，人们工作变换的频率加大，人们的关系越来越复杂，人的很多个人情况不愿被他人知悉，对此就只能意会而不能追问。

言行与场合相吻合

人的言谈举止体现着人的交往能力和本身素质以及品格，不同的场合需要不同的言行，在不同的场合下要求人用不同的身份来适应。怎样才算是得体的言行，怎样才能够通过合适的言行突显自己的优点，从而使自己成为社交场合左右逢源的成功人士呢？下面几点建议对你一定有所帮助。

　　首先要明确所扮演的角色类型。如果不能正确地判定自己所扮演的角色，就会引起言行欠妥，给生活、工作带来不好的影响。社会是一个广阔的现实舞台，人们必须扮演各种不同的社会角色——上级、下属、朋友、父母、孩子等，扮演不同的角色，对其言行有着不同且严格的要求。

　　其次要进行必要的角色教化。也就是要通过角色学习、锻炼、教育，使个人的角色行为接近和符合社会的要求和期望。就像是人们认为医生应是什么样子、教师应是什么样子、律师应当怎么做等，每个人只有知道这些才能做到这些，所以角色教化是得体的必备要件。然后要能迅速完成角色转移或角色变化。例如，当一位父亲在家训斥儿子时，他的上司推门进来，这位父亲就应微笑着招呼上司，这时角色由父亲变为下属。人们应能迅速地实现这种角色转换。随着环境位置的变化，个人角色也不断发生变化或转移。

　　最后要积极主动地协调解决角色冲突。解决冲突的方法是根据"轻重缓急"的不同，采取角色单一化的办法，一个场合只扮演一个社会角色，例如上例中父亲让儿子回避，先招呼上司的做法。有的时候在同一场合同时具有多种身份、扮演多种角色，如果不能很好地协调这种角色冲突，会严重影响人际关系的协调。

内向人的交际策略

大千世界，芸芸众生，每个人都有自己的个性，每个人都是唯一的，就像世界上找不到两片相同的树叶一般，找到两个为人处世相同的人也是不可能的。不同性格的人有着不同的思想和性格，外在的表现自然是不同的处世态度和交际行为。性格外向的人善于沟通和交流，交际方式积极多变，那么性格内向、腼腆的人究竟如何才能在为人处世的交际活动中占有主动权，成为活动中的亮点呢？

策略一：确立自己的自信，无论是内向还是外向的人，相信成功最终是属于自己的。现代忙碌的社会中，人们通常把性格内向视为不容易接近和不擅交际。其实，内向性格不等于性格有缺陷，更不是你交际活动中的绊脚石。事物都有其两面性，哪一种性格都是兼具优点和缺点的，关键在于你如何把握分寸、如何扬长避短。外向的性格能使你容易融入群体，善于和周围的人打成一片，但过分张扬活泼的个性，容易给人一种性情暴躁、自制力差、不可靠的印象。内向的性格可能让你在热闹的交际场合中有时会显得很安静，但凡事都有个思考的过程使你的行为得体，容易令人信服，久而久之，你稳重可靠的性情一定会被人们所赏识和看重。

策略二：结合适当的场合发挥自己性格中的优势因素。不要因为自己性格内向就更加不合群，这样你只会留下自卑的情绪。性格内向的你喜欢安静地思考，凡事总会深思熟虑后才有所行动，但行动的果敢和坚定却是非一般人能比的。类似这类情况，就依然坚持自己的性格特色，日久天长，就会在周围的朋友圈中建立起属于你的那份沉着踏实、耐心谨慎、自制力强、平易近人、坚韧、文静、诚恳的形象。你的忠实可靠让人更容易向你敞开心扉，同时你独到的见解也会给对方留下美好的印象。

策略三：取长补短，积极主动地弥补性格劣势。在现实中，性格内向的人往往表现得敏感多疑、心绪消沉、胆小软弱、固执拘谨、因循守旧、行动迟缓等。这样使人产生不容易接近的感觉，自然减少了与人打交道的机会，而且容易使人和你产生一定的距离。性格是可以改变的，但要掌握方式和分寸，不能简单地罗列相加，那样只会令你失去原来的自我。

赢得尊重

愚公移山、精卫填海的典故我们都耳熟能详。这些均告诉我们一个简单而朴实的道理，只要方法得当，再加上你的不懈努力，任何事情都是可以改变的。要想得到别人的尊重，首先也要尊重别人，这是不言而喻的真理。现代的生活方式不但要求你的内心有尊重的意愿，更注重的是你表现在外的行动是如何的，即应该采取得当的尊重别人的行为方式。这样不仅能够达到预期的效果，而且更有利于你成熟稳重的做派的树立。

首先，要坚持自己的主张，不要在话语上减弱你的要求。比如："本来我明天需要这个报告，但拖个三五天也是可以的，如果方便的话，甚至到……"你可以试着将话语中的"如果""但是"全都删除。这样省去了不少麻烦，同时也能很明确地告诉对方你的要求如何，更能够让对方信服。

其次，不要在话语中为对方提供任何可能的借口。这样说话显得没有底气，容易让别人误会你性格软弱，缺乏自己的主张和判断力。例如："虽然你今天迟到了，但我能够理解，现在天气这么冷，谁都不想早起床。"这样他就会认为，他迟到不但是合理的而且理由相当充分。这样只能使你的话无足轻重。同时不要为合理的要求不安。例如："请原谅我用这种口气和你说话，可是你知道，我实在是受不了你的行为方式……"类似这种的事后辩解一般意味着有愧疚感或者害怕。这样的做法只能让你陷入被动挨打的境地，让你看上去更加软弱，不会产生什么积极的效果。

再次，说话要简单明了，让人能够直接抓住重点。说话前要在脑子里过一遍，如何说、说什么才能达到最好的表达目的，尤其要注重论点的选择。这样会有更大的影响力和达到积极的结果。然后直接说清楚你的观点，你要干什么。不能想象别人会自动了解你对他们有什么要求。

最后，深思熟虑后即刻开始行动，不可拖拖拉拉。事前就考虑好你要做什么、怎么做是事情成功的必要保证。即刻行动则有利于解决问题，且从开始就能清楚地表明你的立场。同时要注意的是，为了让合作更加有成效和好的结果，不可用威胁的话语来刺激对方。为了让人对你信赖，你必须提出合理的要求，并且要在不能满足时指出后果，而且对此一直坚持到最后。当他们知道你恪守诺言时，你才会得到尊敬。这可能破坏与有些熟人的关系，但不能因此放弃自尊，且当你表明你对他的态度时，健康的关系还可以发展。

精准
社交

第二章

心态好，朋友自然多

社交场上的信心比机智更加重要。

——拉罗什富科

自我训练，战胜孤独

孤独的人常常独自生活，很少朋友，也很少进行社交活动。他们害怕社交风险，往往在交际中感到消极。

人人都有感到孤独的时候，但并不是人人都可以战胜孤独。有些人的孤独是内在而稳定的，他们面对孤独无能为力，束手无策；而有些人的孤独则是外在而可以控制的，这些人只是在某些特定的时间里感到莫名的孤独，他们相信自己能够驾驭它，并能积极地做些排除孤独的事情。

真正的孤独，往往存在于那些虽然进行着人与人之间的接触，却没有情感和思想交流的人之中。事实上，不管你是置身于人群，或是独处一室，只要你对周围的情况缺乏起码的了解，与你身处的世界无法沟通，你就会体会到孤独的滋味。

孤独一般有两种类型：其一是情绪性隔绝，指孤独者不愿意与周围人来往；其二是社会性隔绝，指孤独者不具有朋友或亲属的关系网。

孤独产生的原因多而复杂，比如事业上的挫折、缺乏与异性的交往、失去父母的爱、夫妻感情不和、周围没有朋友等。此外，孤独的产生也与人的性格有关。比如，有的人情绪易变，常常大起大落，容易得罪别人，因而使自己陷入一种孤独的状态；还有的人善于算计，凡事总爱斤斤计较，考虑个人的得失太重，因此造成了人际交往的障碍。

孤独对人体健康有很大的危害。据统计，身体健康但精神孤独的人在十年之中的死亡数量要比那些身体健康而合群的人死亡数多一倍。人的精神孤独所引起的死亡率与吸烟、肥胖症、高血压引起的死亡率一样高。

心理学家发现，孤独者的一些行为，常常使他们处于一种不讨人喜欢的地位。比如，他们很少注意谈话的对方，在谈话中只注意自己，同对方谈得很少，常常突然改变话题，不善于及时填补谈话的间隙等。心理学家指出，如果孤独者受到一定的社交训练，如学会如何注意与对方谈话后，他们的孤独感就会大为减少。

战胜孤独的方法

孤独是可以改变和战胜的。战胜孤独有哪些方法呢？

第一，多与外界交流。每个人都有表达自己思想感情、内心感受的需要。独自生活并不意味着与世隔绝。一个常年在山上工作的气象员说，他的身边没人可以倾诉，但他感到有必要把自己的思想告诉家人，所以他就用写信来满足自己的这一要求。

第二，多与快乐的人相处。人的性格会受周围环境的影响，经常与开心的人们在一起，你会自然而然地受到他们的感染，产生"近朱者赤"的效应。慢慢地，你就会敞开自己的心扉，变得快乐起来。

第三，"忘我"地与人交往。与人们相处时感到孤独，有时会超过一个人独处时的十倍。这是因为你和周围的人格格不入。例如，你到一个语言不通的地方，由于你无法与周围的人进行必要的交流，也无法进入那种热烈的情感，所以，你在他人热烈的气氛中会倍加孤独。因此，在与他人相处时，无论是在什么样的情境下，都要做到"忘我"，并设法为他人做点什么，你应该懂得温暖别人的同时，也会温暖你自己。

第四，享受大自然。生活中有许多活动是充满了乐趣的。只要你能够充分领略它们的美妙之处，就会消除孤独，如有些人遇到挫折，心绪不好，但又不愿与别人倾诉时，常常会跑到江边或空旷的田野，让大自然的轻风尽情地吹拂，心情就会逐渐开朗起来。

第五，确立人生目标。现代人越来越害怕自己跟他人不一样，害怕在不幸时孤立无援，害怕自己不被人尊重或理解，这种由激烈社会竞争导致的内心恐慌，无疑使一些人越怕越孤独，心灵也越脆弱。那么要克服这种恐慌与脆弱，就必须为自己确立一些人生目标，培养和选择一些兴趣与爱好。一个人活着有所爱、有所求，就不怕寂寞，也不会感到孤独。

良好性格的培养

要想在和别人相处的过程中获得成功，得到更多的朋友，首先需要具备的就是好的性格。但是相当数量的人发现自己的性格很暴戾，脾气很暴躁，极易和别人产生摩擦，这种不良的性格对以后的学习、交往、工作等都会造成很大的障碍。要想矫正这种不良性格表现、改变暴躁的脾气，就需要注意以下几点。

首先，充分认识暴躁易怒的危害性。在生活中我们常常看到，人们因为一些不足挂齿的小事而发怒，最终导致后悔莫及的事发生。所以发脾气并不能使问题得到解决，反而会增加新的矛盾。

其次，学习一些克制暴躁脾气的好方法。像在家或是课桌上贴上制怒的标签，时刻要冷静。

再次，如果有的事情或人有充足的理由使我们发怒，这种情况下不妨坦率地把心中的不满情绪释放出来，你就会发现心里会爽快一点。也可转移目标发泄出来，比如去干别的事情，找人谈谈心、散散步，或者干脆到操场上猛跑几圈，这样可将因盛怒激发出来的能量释放出来，心情就会平静下来。也可以用一个小本子专门记载每一次发脾气的原因和经过，通过记录和回忆，在思想上进行分析梳理，定会发现有很多脾气发得毫无价值，以后怒气发作的次数就会减少很多。

最后，换个角度考虑问题，体谅他人感受。做人应当有必要的涵养，即容人之量，不要总是指责怪罪别人。为区区小事而对别人发脾气，是极不礼貌的行为。

别让腼腆成为社交障碍

在人际交往中，拘谨羞涩、眉低脸红、说话声小、表情紧张等特点都可以看作腼腆的表现。腼腆的人在与人初次交往时，对谈什么、怎样保持目光接触，都感到为难、不自在。他们不善于言表，尤其在人多的场合，咕哝半天也表达不出自己的意思，让人着急甚至引起误解，成为社交的一大心理障碍。

产生腼腆的原因很多：有的人天生胆小内向，性格原因使然；有的人认识有误，怕在人前出丑，有损自己的面子；有的人受过几回挫折就丧失了勇气，变得谨小慎微起来；有的人持有传统保守思想"言多必失""祸从口出"等。这些原因束缚着人们的言行，造成一些现代人在人前感觉腼腆、无法行动自如的情形。

腼腆的人倾向于认为，社交往来就是他们自己在不时地被别人评价。对社交持这样一种态度，必然会使他们对如何出现在人们面前，既渴望又有防卫之心。

带有腼腆倾向的人，总是在设想着会发生什么意想不到的坏事情。他们在社交中不懂得把握与人共享亲密的良机，也不会有多大的愉快享受。

脸红也是腼腆的常见表现，在各种场合都可以发现爱脸红的人。遭受他人羞辱时，在公共场合出丑时，或受到批评时，腼腆的人烦躁不安、心情沮丧、羞愧难当而变得脸红；在受到表扬时，需要当众发言时或与异性初次见面时，腼腆的人会因为内心的羞愧而变得脸红。

作为年轻人，腼腆容易使你丧失进取的机会，失去许多本可以交得很好的朋友，错过上司或老师赏识你的可能性，漏掉施展才华、发挥才能的时机，等等。

如何克服腼腆呢？首先，要"解放思想"，跟上时代的步伐。抛弃那些封建教条和呆板的古训，要做超脱的一代，成为一个洒脱的人。其次，在人前鼓起勇气，自我鼓励。只要多给自己壮胆，多给自己鼓劲，随时注意调整好自己的情绪，腼腆就会被制服。"壮胆"不是凭着傻大胆，鼓劲也不是乱鼓一气，而是要在拓展胸襟、开拓视野的坚实基础上，有利有力地去做。最后，与人交谈时训练自己看对方的眼睛，让人感觉到你是一个坦诚而有自信的人，给人留下良好的印象。

最后，克服腼腆心理的另一窍门就是改变自己与人交谈的方式。常常，腼腆者感觉与人交谈十分困难。研究人员发现，为了使谈话不至于中止，他们会用"是的，我同意"或"多有趣啊"来敷衍。其实，当人际交流受阻时，可以问些开放性的问题，如"你是怎么形成这种爱好的？"等。轻松随意的话题能够表达你的友好，也可能将注意力集中在对方，而不是自己身上。

总之，只要你有信心、肯努力，就没有跨不过去的障碍，何况仅仅是腼腆的心理呢？如果你是一个在人前感觉腼腆的人，并认为腼腆的确阻碍了你与他人更好地进行交往，成为你社交的障碍，那么试试上面的良策吧！你会发现克服自己的腼腆心理将变得轻而易举起来。

如何克服嫉妒

嫉妒集中表现为心理上的恶性循环。在一定的环境中，某些人在一些方面如才学、收入、穿戴、成就、人缘关系等高于自己时，立即产生一种由羡慕转为恼怒甚至嫉恨的情绪，并试图以种种方式中伤、诋毁他人，以维持心理平衡。在攻击方式上，依据个人的心理素质和道德修养程度而定，多以暗中较量、曲折迂回的不公开方式出现。

嫉妒使人们对同事在工作中的成绩和贡献采取贬低、冷落，甚至恶意中伤的态度；对兄弟姐妹受到长辈的宠爱感到不满和愤恨；若是自己容貌欠佳、身材不理想则会对天生丽质者产生无名的嫉妒之火。嫉妒还使人们对恋人或配偶以前的生活经历特别敏感，刨根究底，并对他们的行为及社交圈采取严密的防范措施，这是一种在极端占有欲的情感支配下的行为方式。有嫉妒心理的人总是企图压倒别人、操纵别人，甚至占有他人的感情。然而往往由于自己勇气不足、优柔寡断、能力低下、手段恶劣而事与愿违。于是嫉妒者不得不经常挣扎在不良心境的痛苦旋涡之中。

防治嫉妒心理，首先要认识嫉妒对身心健康造成的危害，心胸要开阔，以诚挚友善、豁达大度的态度与他人相处。其次要知己知彼、正确评价，明了双方长短，学会驾驭感情的激流。还要克服自己性格上的弱点。一般来说，虚荣心强、好出风头的人容易产生嫉妒心理；狭隘自私、敏感多疑的人也易产生嫉妒心理；软弱、依赖、偏激、傲慢等性格上的弱点，同样是诱发嫉妒心理的温床。最后要善于化嫉妒为积极进取的动力，奋起直追、不断充实自己，使潜能和特长得到充分发挥。

至于被嫉妒者也不能持与嫉妒者对着干的心理，以牙还牙。对于来自嫉妒者的刺激，应处以冷静态度，有则改之，无则加勉，不受干扰，坚持走自己的路，勇往直前。

嫉妒心理人人有之。积极型的嫉妒是事业成功的动力，而消极型的嫉妒则是滋生邪恶的因素，这已被无数事实所验证。这两种效应若处理得好，会使自己事业有成，得到社会的承认；处理得不好，会使自己遭人唾弃。所以说，如何正确对待嫉妒，对一个人的成功与否至关重要。嫉妒很容易使你疏远别人和心理上失去平衡，实际上，与其羡慕别人的成就，不如自己去努力争取。

猜疑是人际交往的毒药

罗贯中的《三国演义》中有这样一段描写：曹操刺杀董卓失败后，与陈宫一起逃至吕伯奢家。曹吕两家是世交。吕伯奢一见曹操到来，本想杀一头猪款待他，可是曹操因听到磨刀之声，又听说要"缚而杀之"，便大起疑心，以为要杀自己，于是不问青红皂白，拔剑误杀无辜。

这是一出由猜疑心理导致的悲剧。猜疑是人性的弱点之一，历来是害人害己的祸根，是卑鄙灵魂的伙伴。一个人一旦掉进猜疑的陷阱，必定处处神经过敏，事事捕风捉影，对他人失去信任，对自己也同样心生疑窦，损害正常的人际关系，影响个人的身心健康。有猜忌心理的人，往往爱用不信任的眼光去审视对方和看待外界事物，每每看到别人议论什么，就认为人家是在讲自己的坏话。猜忌成癖的人，往往捕风捉影，节外生枝，说三道四，挑起事端，其结果只能是自寻烦恼，害人害己。

导致猜疑的原因主要与个人的一些特点有关。

有些人在某方面自认为不如别人，但自尊心过强，因而总以为别人在议论自己、算计自己、看不起自己。越想越认为是真的，陷入猜疑怪圈而无力自拔。

还有些人以往比较轻信别人，并视之为知己，告诉别人许多个人的秘密，却遭到他的欺骗，从而蒙受了巨大的挫折和失败，导致很强的防御心理，不愿再信任他人，遇到什么事情都要怀疑再三。

克服猜疑的技巧

猜疑似一条无形的绳索，会捆绑我们的思路，使我们远离朋友。如果猜疑心过重，那么就会因一些可能根本没有或不会发生的事而忧愁烦恼、郁郁寡欢。猜疑者常常嫉妒心重，比较狭隘，因而不能更好地与周围的人交流，其结果可能是无法结交到朋友，变得孤独寂寞，对身心健康都有危害，因此需要加以改变。

克服猜疑心理的方法如下。

第一，理性思考，不无端猜疑。当发现自己生疑时，不要朝着有利于猜疑的方向思考，而应问自己：为什么我要这样想？理由何在？如果怀疑是错误的，还有哪几种可能发生的情况？在做出决定前，多问几个为什么是有利于冷静思索的。

第二，发现自己的优点，增强自信心。每个人都不是十全十美的，都有自己的优点和不足。不要只看到缺点而灰心丧气，更重要的是发现自己的优势，培养自信心和自爱心，相信自己有能力，会给他人一个良好印象的。

第三，增强对自我的调节能力。一个人在人生旅程中，难免遭到别人的议论和流言。不必猜疑别人对自己的看法。但丁有一句名言："走自己的路，让别人说去吧。"要善于调节自己的心情，不要在意他人的议论，该怎样做还怎样做，这样不仅解脱了自己，而且产生的怀疑也烟消云散了。

第四，加强交流，解除疑惑。有些猜疑来源于相互的误解，如果是这种情况的话，就应该通过适当的方式，两人坐下来交流。通过谈心，不仅可以使各自的想法被对方了解，消除误会，而且还避免了因误解而产生的冲突。总之，我们必须做到实事求是、理性思考，才能从猜疑枷锁中解脱出来。

别让偏见蒙住你的眼

我国古代有一则寓言，说的是有一位农夫失落了一把斧子，他开始怀疑是隔壁人家的儿子偷的，在这种心理支配下，他觉得那人走路的样子、说话的声调、脸部的表情和平常人都不一样，很像偷了东西的人，后来，他自己的那把斧子找到了，于是再留心观察隔壁人家的儿子，觉得他的一言一行、一举一动、脸部的表情又都不像一个偷斧子的人了。

偏见是由于对他人或其他群体缺乏事实根据的、偏执于某一极端的、不符合事实的认识而产生的结果。偏见的特征是以有限的或不正确的信息来源为基础，因而对一些人的看法往往是捕风捉影的、道听途说的、人云亦云的。有偏见的人，看人处世容易走极端，往往"抓住一点，不计其余"，如果说某个人好，就是什么都好，如果说某人不好，就是一无是处。偏见使人囿于自己的一孔之见，使人用有色眼镜看问题，使人懒于思索问题、拒绝接受新的东西，使人难于得出正确的判断和结论，使人越来越无知和愚昧……总之被偏见缠身的人们，是很不容易理解他人的，不管对方是不是具有最美好的愿望和最善良的动机。

那么，怎样克服偏见呢？

第一，避免先入为主。前面提到的那位农夫，先入为主地怀疑别人偷了他的斧子，于是"真的发现"在他身上有许多疑点，其实这些疑点只不过是农夫自己主观想象的，而并非事实。如果平时在人际关系中总是喜欢道听途说，靠印象做出判断，就难免要陷入"先入为主"的泥潭，对他人形成偏见。

第二，避免"循环证实"。有些人对他人的偏见十分强烈，而且这种偏见一旦形成后，久久不能消除，还自认有许多"理由"，究其原因是受了"循环证实"的影响。所谓"循环证实"，就是心理学上所说的"互动"效应，即你对某人抱有反感，久而久之，对方也会对你产生敌意，于是，你就相信自己最初的判断是正确的。反感对反感，敌意对敌意，两人的偏见和隔阂越来越深，遇到这种情况，自己应首先主动理智地改变偏执的态度和行为，切断偏见的"恶性循环"。

第三，增加直接接触。许多偏见往往是由于彼此间缺乏开诚布公的交谈接触而形成的。要克服偏见，就必须跨越敌意和不信任的心理障碍，加强直接接触，不管你是喜欢还是不喜欢。

第四，提高知识修养水平。可以说，偏见是无知和愚昧的产物。一个人知识修养水平越高，观察和分析问题的能力越强，偏见越少。反之，则容易受流言蜚语、道听途说的愚弄，而对人形成偏见。

学会情绪控制

人的情感似遥控器一般控制着人的言谈举止，外在的表现自然就是或喜或悲、或乐或愠的情绪了，它就像是人的另外一张面孔。良好的情绪状态让你彰显自信和阳光，是保证社会交往活动正常进行的必备要件，得体的举止、稳定的情绪，似迎面春风让人感到易于接近、容易沟通，反之，完全不能自制的情绪必然成为社交的绊脚石，没有人愿意靠近一个喜怒无常的人。因而，在社交中应当谨记以下几点。

首先，切勿急躁冲动。一般情况下，你以什么态度待对方，对方会以相同的态度反击你，这不利于问题的解决，另一方面，急躁冲动容易打乱人的正常思维，不利于正确地解决问题。在日常的社会交往活动中，会遇到千奇百怪的事情，出现各种各样的矛盾、各种各样的问题。遇到问题时，要善于控制情绪，如果失去控制，矛盾会更尖锐。所以不管遇到多恼火的事，情绪要冷静、镇定，才能处理好矛盾。

其次，切勿故作深沉。人际交往，是一种思想交流活动，本该真诚相待、畅所欲言，如果这时却深藏不露，会让人觉得有点道貌岸然。如果与人相处，处处不露心迹、守口如瓶，会让人觉得你不可捉摸，不可沟通，无形中拉远了心理距离。

最后，切勿喜形于色。表情上眉飞色舞、洋洋自得，还对别人的事评评点点、指手画脚，只会引起别人的反感，损害自己的形象和威信。与人交往，应保持一种平常的心态，不能面无表情，但也不能取得成绩或有高兴的事时，沾沾自喜、得意忘形。

总之，遇到任何事都要保持一种平和心态，喜怒哀乐要表现得自然，不做作，但分寸一定要有所把握，否则只能给人一种喜怒无常的印象，最终，只得自食苦果。

如何改变消极思维

希腊哲学家伊皮克特德说："使人不安的不是事物本身，而是人通过这事物做出的结论。"消极思想和情感对人的影响比人意料的还要大。它使思考停滞，对自身产生怀疑，使人不能安眠、人际关系变得复杂。

在人际交往和日常生活中有消极思想的人常常有以下表现。

第一，"反正也干不好，不干就算了"！

我们总是倾向于将事物的前景预料得很糟，人的注意力习惯于集中在冒险概率上而非机遇，这似乎也可以说明人们为什么不会对成功念念不忘，而总是对失败耿耿于怀。

第二，"如果我能……就好了"！

我们不仅仅为未来无端地忧虑，还总是被过去的失败和失意的阴影所笼罩，我们在心里不止一次地重温昔日的打击带来的伤痛，然后固执地独自沉浸其中，于是总是难于忘却伤痛，一次又一次地回味着以往的失败，无止境地幻想着不可能的事，这使人颓丧失落。

第三，"我还不够好"！

在越来越功利的社会里，自我怀疑、胆怯和自卑情绪泛滥，这些情绪使成功的人也不免产生嫉妒。每个人都希望有用武之地，永远将自我最完美的一面呈现在别人面前，希望成功、被重视、有运气。这些美好的向往使我们笃信媒体展现给我们的偶像：聪明、漂亮、处变不惊，其实这种状况不仅是不现实的，也是非常不人道的，这种无休止的攀比和追求只能带来无尽的失望和自我贬值。

第四，"人性非常丑恶"！

相信我们每个人都曾将与别人的一次不愉快的相处的经验广泛化、扩大化，这样一来在与别人的再次接触中便有了先入为主的坏预想。当这种情况极端化以后，甚至可能引发心脑疾病。

总之，有消极思想的人，无论成功或失败，总会暗地存在一种否定性的思考，这种思考方式往往会影响人们的判断能力。我们必须根除深藏于我们内心的消极思想。

在国际销售组织，连续六年保持世界销售第一纪录的夏目志郎先生，曾经说过这样一段话：

"每当到了傍晚6点时，我就把今天过去了的一切失败忘掉，否则，对于明天的生意是会有所妨碍的。在清早起来的时候，嘴里也一定说'今天真是个好日子'；踏入办公室前，就想一些过去成功的事情；在与客户接洽的过程中，脑子里便浮现出与对方顺利签订契约的情景来。"

当你心目中有了一个对自己彻底肯定的信念时，和对方交涉的成功率必然很高。在你与别人交涉的时候，千万不要尽想那些曾遭失败的事情，这是非常重要的。在日常生活中，你要尽量用肯定语来代替否定语并不时地激励自己，若能做到这些，你自然就会具备积极行动的姿态，在人际交往中充满自信，这对于你进行成功的社交活动至关重要。

远离社交恐惧症

生活当中，你不可避免地要与各种各样的人打交道，而社交是展示风采的重要方面，可能需要和重要人物交谈，在公众场合发表你的观点，出现在谈判、酒会、晚宴等各种社交场所。但你总是不由自主地退却，或硬着头皮去了，却因表现失态而让好机会白白溜走。你懊恼、后悔，可当下一个机会出现的时候，你又开始胆怯、犹豫、心慌、手颤，久而久之，自信心在一次次窘态中消耗殆尽。

这就是我们通常所说的社交恐惧症。特别对于许多刚离开家门步入社会的年轻人来说，结交新的朋友、融入他人的社交圈子是一种心理上的挑战。一开始总有一些手足无措的感觉，不知道怎样做才能和大家打成一片。

例如，小李刚从大学毕业，被分到一个机关办公室工作，每天坐班，要和自己并不熟悉的人和事打交道，工作还好办，和人交往就有些发怵。看到别人在业余时间有说有笑、打牌聊天，好不热闹，而自己形单影只，和别人无话可说，索然无味。他真羡慕那些"自来熟"的人，而自己怎么就做不来呢？

人的社会性决定了人都有和别人交往的需要，否则就会产生孤独、寂寞、抑郁、焦虑等不良情绪。可人的交往能力并不是生来就有的，是在后天环境熏陶和有意识的培养下产生出来的。远离社交恐惧，我们可以采取以下几种积极的方法。

第一，不否定自己，不断地告诫自己"我是最好的""天生我材必有用"。

第二，不苛求自己，能做到什么地步就做到什么地步，只要尽力了，不成功也没关系。

第三，不回忆不愉快的过去，过去的就让它过去，没有什么比现在更重要。

第四，友善地对待别人，助人为快乐之本，在帮助他人时能忘却自己的烦恼，同时也可以证明自己的价值存在。

第五，找个倾诉对象，有烦恼是一定要说出来的，找个可信赖的人说出自己的烦恼。可能他人无法帮你解决问题，但至少可以让你发泄一下。

第六，每天给自己10分钟的思考，不断总结自己才能够不断面对新的问题和挑战。

第七，到人多的地方去，让不断过往的人流在眼前经过，试图给人们以微笑。

克服自卑，自己救自己

之所以巨人高不可攀，是因为你跪着，站起来你就会惊异地发现，自己并不比别人矮多少，自己身上也有许多闪光点。

什么是自卑？简而言之，就是觉得自己不如别人，对自己的能力评价偏低。自卑常有抑郁、忧伤、胆怯、失望、害羞、不安和内疚等表现。有的人因为工作成绩差产生自卑，有的人因为自己形象不够好产生自卑，有的人因为自己的家庭条件不好、衣着不如别人时髦产生自卑，有的人甚至连自己脸上的痤疮也成为自卑的原因。自卑是主观的感受，容易产生自卑的人往往好与别人比高低，有很强烈的争强好胜之心，急切地希望一切都超过别人，梦想一鸣惊人，虚荣心较强，容易为一时的成功而骄傲，也容易为一时的失败而灰心丧气。

人生中难免要遇到一些挫折，也难免会产生一时的自卑心理，关键是怎样对待挫折，怎样克服自卑心理。首先为自己制定的目标要切合实际，要以豁达和宽容的态度对待学习和生活中遇到的不如意的事。生活并不像一条小溪那样，平静地潺潺流动着，生活中会有激动和震荡，有高潮也有低潮。遇到挫折不要心灰意冷、怨天尤人，要振作起来，卧薪尝胆，用勤奋去填平自卑的深沟。

解放黑奴的美国总统林肯，不仅是私生子，出身微贱，且面貌丑陋，言谈举止缺乏风度，他对自己的这些缺陷十分敏感。为了补偿这些缺陷，他力求从教育方面来汲取力量，拼命自修以克服早期的知识贫乏和孤陋寡闻。他在烛光、灯光、水光前读书，尽管眼眶越陷越深，但知识的营养却对自身的缺陷做了全面补偿。他最终摆脱了自卑，并成为有杰出贡献的美国总统。

贝多芬从小听觉有缺陷，耳朵全聋后还克服困难写出了优美的《第九交响曲》，他的名言——"人啊，你当自助！"成为许多自强不息者的座右铭。

在补偿心理的作用下，自卑感具有使人前进的反弹力。由于自卑，人们会清楚甚至过分地意识到自己的不足，这就促使其努力学习别人的长处，弥补自己的不足，从而使其性格受到磨砺，而坚强的性格正是获取成功的心理基础。

自卑能促使人走向成功。人道主义者威特·波库指出，在每个人的内心深处都有一种灵性，凭借这一灵性，人们得以完成许多丰功伟业。这种灵性是潜在于每个人内心深处的一股力量，即维持个性，对抗外来侵犯的力量。它就是人的"尊严"和"人格"。人们为了维护自己的尊严和人格，就要求自己克服自卑、战胜自我。因此，令人难堪的种种因素往往可以成为发展自己的跳板。一个人的真正价值，取决于能否从自我设置的陷阱里爬出来，而真正能够解救我们的，只有我们自己。即所谓"上帝只帮助那些能够自救的人"。

强者不是天生的，强者也并非没有软弱的时候，强者之所以成为强者，在于他善于战胜自己的软弱。

一代球王贝利初到巴西最有名气的桑托斯足球队时，他害怕那些大球星瞧不起自己，竟紧张得一夜未眠，他本是球场上的佼佼者，却无端地怀疑自己、恐惧他人。后来他设法在球场上忘掉自我，专注踢球，保持一种泰然自若的心态，从此便以锐不可当之势进了1000多个球。

球王贝利战胜自卑的过程告诉我们：不要怀疑自己、贬低自己，只要勇往直前，付诸行动，就一定能走向成功。久而久之，就会从紧张、恐惧、自卑中解脱出来。因此，不甘自卑、发愤图强、积极补偿，是医治自卑的良药。

用乐观的态度面对失败

人生之路，一帆风顺者少，曲折坎坷者多，成功是由无数次失败构成的，正如美国通用电气公司创始人沃特所说："通向成功的路在于把你失败的次数增加一倍。"但失败对人毕竟是一种"负性刺激"，总会使人产生不愉快、沮丧、自卑。那么，如何面对？如何自我解脱？

面对挫折和失败，唯有乐观积极的心态，才是正确的选择。其一，做到坚忍不拔，不因挫折而放弃追求；其二，注意调整、降低原先脱离实际的"目标"，及时改变策略；其三，用"局部成功"来激励自己；

其四，采用自我心理调适法，提高心理承受能力。

要使自己不成为"经常的失败者"，就要善于挖掘、利用自身的"资源"。虽然有时个体不能改变"环境"的"安排"，但谁也无法剥夺其作为"自我主人"的权利。应该说当今社会已大大增加了这方面的发展机遇，只要敢于尝试、勇于拼搏，是一定会有所作为的。屈原放逐乃赋《离骚》，司马迁受宫刑乃成《史记》，就是因为他们无论什么时候都不气馁、不自卑，都有坚忍不拔的意志！有了这一点，就会挣脱困境的束缚，走向人生的辉煌。

此外，作为一个现代人，应具有迎接失败的心理准备。世界充满了成功的机遇，也充满了失败的可能。所以要不断提高自我应付挫折与干扰的能力，调整自己，增强社会适应力，坚信失败乃成功之母。若每次失败之后都能有所"领悟"，把每一次失败都当作成功的前奏，那么就能化消极为积极、变悲观为乐观。

用实际行动建立勇气

征服畏惧，战胜自卑，不能夸夸其谈，止于幻想，而必须付诸实践，见于行动。建立自信最快、最有效的方法，就是去做自己害怕的事，直到获得成功。具体方法如下。

第一，突出自己，挑前面的位子坐。

在各种形式的聚会中，在各种类型的课堂上，后面的座位总是先被人坐满，大部分占据后排座位的人，都希望自己不会"太显眼"。而他们怕受人注目的原因就是缺乏信心。

坐在前面能建立信心。因为敢为人先，敢上人前，敢于将自己置于众目睽睽之下，就必须有足够的勇气和胆量。久之，这种行为就成了习惯，自卑也就在潜移默化中变为自信。另外，坐在显眼的位置，就会放大自己在领导及老师视野中的比例，增强反复出现的频率，起到强化自己的作用。把这当作一个规则试试看，从现在开始就尽量往前坐。虽然坐前面会比较显眼，但要记住，有关成功的一切都是显眼的。

第二，睁大眼睛，正视别人。

眼睛是心灵的窗口，一个人的眼神可以折射出性格，透露出情感，传递出微妙的信息。不敢正视别人，意味着自卑、胆怯、恐惧；躲避别人的眼神，则折射出阴暗、不坦荡心态。正视别人等于告诉对方："我是诚实的，光明正大的；我非常尊重你，喜欢你。"因此，正视别人，是积极心态的反映，是自信的象征，更是个人魅力的展示。

第三，昂首挺胸，快步行走。

许多心理学家认为，人们行走的姿势、步伐与其心理状态有一定关系。懒散的姿势、缓慢的步伐是情绪低落的表现，是对自己、对工作以及对别人不愉快感受的反映。倘若仔细观察就会发现，身体的动作是心灵活动的结果。那些遭受打击、被排斥的人，走路都拖拖拉拉，缺乏自信。反过来，改变行走的姿势与速度有助于心境的调整。要表现出超凡的信心，走起路来应比一般人快。将走路速度加快，就仿佛告诉整个世界："我要到一个重要的地方，去做很重要的事情。"步伐轻快敏捷，身姿昂首挺胸，会给人带来明朗的心境，会使自卑逃遁、自信滋生。

第四，练习当众发言。

面对大庭广众讲话，需要巨大的勇气和胆量，这是培养和锻炼自信的重要途径。在我们周围，有很多思路敏锐、天资颇高的人，却无法发挥他们的长处参与讨论。并不是他们不想参与，而是缺乏信心。

在公众场合，沉默寡言的人都认为："我的意见可能没有价值，如果说出来，别人可能会觉得很愚蠢，我最好什么也别说，而且，其他人可能都比我懂得多，我并不想让他们知道我是这么无知。"这些人常常会对自己许下渺茫的诺言："等下一次再发言。"可他们很清楚自己是无法实现这个诺言的。每次的沉默寡言，都是又中了一次缺乏信心的毒素，他会愈来愈丧失自信。

从积极的角度来看，如果尽量发言，就会增加信心。不论是参加什么性质的会议，每次都要主动发言。有许多原本木讷或有口吃的人，都是通过练习当众讲话而变得自信起来的，如肖伯纳、田中角荣等。因此，当众发言是信心的"维生素"。

要相信自己的能力，学会在各种活动中自我提示：我并非弱者，我并不比别人差，别人能做到的我经过努力也能做到。认准了的事就要坚持干下去，争取成功；不断的成功又能使你不断地看到自己的力量，变自卑为自信。虽说并非人人都能获得成功，但只要树立必胜的信念，经过矢志不渝的努力，成功就会向我们露出笑脸。

精准
社交

第三章

最重要的就是与人相处

我在社交活动中的做法就是对人和颜悦色，我认为这一点对所有的人都是适用的。

——狄更斯

上下级相处的艺术

上下级的交往和相处是日常工作中很重要的一个环节。作为下级，不仅要服从正职上司的管理和调遣，还要注意学会与副职上司融洽相处。为此必须注意以下几点。

首先，要尊重别人。人与人之间的尊重是对等的，你敬人一尺，人敬你一丈。尊重上司，是下级必备的素质。因为副职位不如正职高，权不如正职大，因此，上司可能更在意你对他的态度。你的尊重更容易赢得他的关心和支持。

其次，下级要服从上级。服从管理是制度的需要。对副职分派的工作不能马马虎虎，对副职交办的工作要努力去完成，要多与副职上司打交道，沟通思想，因为他对下属更熟悉，更了解情况，他在正职面前或会上说话更有分量。事物是发展变化的，不能只看到正职的权大，而不考虑今朝的正职明日可能升迁调动或解职下台，今日的副职明天可能变成正职。只有真诚待人，才能有立足之地，谋求长远发展。

最后，要互相理解支持。作为下级，要理解副职领导的处境和难处。对自己诸如在遇到职务提升、工作调动、生病请假等实际问题时，向副职领导提出要求，一不要条件苛刻，二不要急于求成，三不能怨天尤人。

副职与正职因职务上的差异，容易产生攀比心理，对下属产生误会。因此，更要竭力支持副职的工作，切忌"看人下菜"。副职交代的事要愉快接受，按照要求及时完成。如果在这之前正职领导安排了任务，也要分清轻重缓急，说明原因，才不致让人产生轻视慢待的想法。

晋升路上的绊脚石

日常生活中，我们常常会遇到这样的情况，有较深的资历和不错的业绩，反而不如较自己逊色的同事进步晋升快，原因何在？

一是看到别人比自己出色或是晋升得快，甚至得到的小利多些，便在心里嘀咕，滋生不满的情绪，进而形成一股怨气，在职场上过分宣泄出来，对别人冷嘲热讽，极尽挖苦之能事，或是到处游说对方的种种不是，以致在日常工作上处处设置障碍，进行刁难，以看到对方的难堪、羞辱为乐。患此病症久治不愈则在工作上无法与他人良好合作，影响其所处职场的人际氛围，难以得到上司赏识。根治此病之法是让自己胸怀变得开阔，多些宽容心态，不要太计较得失，增加人缘。

二是经常发表不合时宜的议论，或扩散工作上应保守的秘密或他人的隐私。患此病症久了会形成恶习，宣泄固然可享一时之快，却造成了"声源污染"，处处扩散，即使不因此祸从口出，个人形象也大打折扣。治疗良方是加强自我情绪的控制能力，三思而后行，重塑真诚待人、言行负责的形象。

三是对自己现有的工作环境与位置总是怀有强烈不满，这山望着那山高，像是患了"多动症"的孩子。这类人在每个职位上都不能积累较多资本，难以打下坚实根基，在上司眼中不安分，是很难委以重任的。避免此症关键要去除浮躁心理，切勿盲动，内心多反思，有清晰的奋斗目标。稳扎稳打，步步为营。

与同事交往的艺术

同事是自己在事业上的亲密伙伴，与自己在工作上有很多共通性，因此与同事相处和谐相互支持，是非常重要的。

首先，要互相尊重。无论对待平级还是下级，都要保持尊重别人的心态，特别是女同事。男女分工可能造成工作业绩的轻重悬殊，但这绝不可以成为男性轻视女性的理由。平等更多的是指人格上的平等，哪怕她们从事的是最简单的工作。办公室女性希望她的男上司、男同事能平等对待她们，尊重她们的性别。这是互相信任的基础。

其次，要主动改善关系。工作过程中可能会遇到各种各样的预想不到的问题，灵活地解决处理是十分重要的。在和同事产生一些利益上的纠葛，使双方关系变得紧张和冷淡的时候，面对这种状况，要学会主动与对方改善关系。创造一个良好的工作氛围，既有利于提高工作效率，也有益于人的身心健康。

最后，宜保持适当距离，不要过于随便，以致影响工作的进行。同事间既要真诚又要保持严肃性。特别是男女同事，距离太远，好像有什么隔阂，让人觉得冷漠；可是距离太近了，不仅失去交往的美感，而且令人生疑。办公室中，男性一方面应对女性同事在工作上给予适当关心，但不要搅进私事中，惹一身是非；另一方面，千万不要陷入办公室的灰色恋情之中，这是危险的游戏。把握距离，她可以成为你的助力，多相知、长相处。

如何在提职后成功处理关系

任何人都希望自己能够在事业上取得一定的成绩，得到提拔。这是一种受到重视的表现，但同时有人会真诚地祝福，也有人会不服气，不配合你的工作，甚至对你进行有意刁难。如何解决这一问题就成了一个人能力的切实表现和反映。

首先，应该宽容大度，一笑了之。坦诚相待，交换思想。开诚布公地与之交换思想，消除误会与隔阂，主动协调关系争取工作主动。

其次，不断地完善自身，不断提高。别人不服气，说明你有一定本事，但还不足以令人信服。让不服气者服气的根本对策在于不断完善自己、提高自己。

许多事实表明，境况相同、旗鼓相当的人之间最容易产生不服情绪，差距拉大了，不服气的情绪反倒没有了。这就要求提职者对照别人，找出自己的不足与缺陷，加以重点弥补，一旦提高了自身条件，对手不攻即破，自然心服口服了。

一般情况下，日常生活中，必要时还应选择时机，重力反击。有的人对你不服气，但通过思想交流仍不奏效，仍然一而再、再而三地奚落你、刁难你。你置之不理，他认为你软弱可欺；你坦诚相待，他认为他的奚落力度还不够。对这种人，要抓住机会，重力反击。

职业女性的工作秩序

要成为事业有成的女性，需要的不仅仅是勤奋和刻苦耐劳，而保持一种职业女性的工作仪态，随时给上司、同事以干练优雅的印象也很重要。职业女性应有以下的仪态。

上班前 5 分钟应当就位，显出职业热情和干练风度。衣饰应有个人风格，严谨、整洁而不花哨，并能从中发掘流行元素，显得既年轻有朝气又高贵大方。

接受命令时应站在上司的侧后方，挡在前面是失礼的，冷静地接受和传达命令、报告应在事前做好充分准备，整理出结论与要点，显出你的逻辑与效率。

确切掌握部下的工作进度和动向。出现任何紧急情况都不可显得惊慌失措，要从容不迫地解决或向上级汇报。

对外联络应有预备时间，地点、对方联络人姓名要弄清楚。接待客人时，走廊、楼梯的中央留给客人走。引导客人，身体应侧向客人一边。

公文、函件要记住基本程式，会议联络一律用书面文字，记清有关的所有内容，不要遗漏。

在上司面前不要多嘴，更不要使上司下不了台。尊重同性前辈，对后辈同性严厉不失亲切，成为工作的楷模。

不要得罪无聊男性，要巧妙闪避。同男性同事要大方来往，男性最喜欢大方爽朗的性格。配合工作场所中步调最快的男性，掌握机动性。

上司交代的私事不适合办的，要婉转拒绝，不要冷面生硬、不近人情。出差应准备周详，中途一定要和单位、领导保持联络。

女性与男同事相处的注意事项

作为一名职业女性，不可避免地要接触一些工作场所的两性关系，同时这又是事关她的家庭幸福、事业成败的一个重要因素。如何正确地处理，既能获得友情、博得尊重又能充分完成使命，不致陷入敏感的处境，以下几点需要牢记。

第一，着装适度得体。工作场所中要保持职业女性的形象，着装上不下一定功夫是不可能达到理想效果的。试想一位妇女穿着短裙或透明衬衣上班，会是怎样一番场景。工作场所的着装是不应该具挑逗性的。但也没有必要掩盖女性的曲线美，简约大方、不失端庄的装束是职业女性理想的选择。

第二，言辞谨慎，同时恰当约束自己的感情。在两性关系的玩笑上，要坚决杜绝。尽量避免进行具有性色彩的评论，但不排除适当的调情以给普通的一天增添色彩，从而使工作或生活更富有情趣。但往深层次发展便要发挥自己的自我约束力。

第三，身体发出的语言要尤为注意。因为男人往往容易把其理解为有性含义。因而有专家建议在异性同事面前多谈谈你多爱你的配偶，或给人看你丈夫和孩子的照片，能适当降低这种风险，使一切在自己把握之中。

第四，不要一味追求浪漫新奇。一旦自我控制不到位，在工作场所发生不恰当的恋情，不但会降低人格，造成麻烦，对两个人未来的事业发展和家庭幸福也是相当不和谐的音符。

第五，做到心中有数，明确并把握底线。在涉及男女关系时，要以对方能接受的方式来对待口头的、非口头的或者身体方面的行为。这既是对对方的理解，也是对自己的尊重。这恰恰是因为男女正确相处的界限在现实生活中往往不那么黑白分明。

学生应对职场

年轻学子刚踏出学校的大门，走上社会经受这个人生大学的历练，都渴望能够有所成就，能够实现自己在学校中的梦想。但现实却是紧张、频繁更换的，年轻人如何在社会的大浪潮中游刃有余、稳步奋进呢？这恐怕是困扰大多数学子的问题吧。我们还是强调一点就是，人的言谈举止的改变完全能够影响人生道路。因此，应该从自身的为人处世上多多改进，多多提高。重中之重就在于，要在周围的交际圈中树立一个良好、积极、实干的形象。这样的印象将会使你能显得鹤立鸡群，同时也会给你带来对方的尊重和好感。那我们下面就来着重探讨一下如何给人这种良好的形象。

首先，尊敬适用于各个阶层的人。无论你供职在什么样的单位或公司，都要面对纷繁复杂的领导、同事的关系。这些繁杂的关系让人无从下手。但记得，要从实际行动中体现对领导、同事的尊敬。这是基本的，同时也是关键的。也就是说，要把尊敬变成你的习惯，你的言谈举止都能让你感受到你对他的尊敬。例如，刚参加工作时，要坚持早到一步，开窗户、抹桌子、打开水，晚退一会儿，关窗户、关灯、关门，收拾好桌上的东西再走。如此一来，别人在不经意间就对你留下了好感，同时你的肯干、踏实的形象也印刻在对方的头脑中。现实社会中，有的大学生孤芳自赏、清高骄傲，自视为天之骄子，任何人、任何事情都不放在眼里，这样吃亏的总是自己。

其次，要坚持自己的为人处世的原则。一个人在社会中面对着形形色色的人和事，思想和行为总是受到很多冲击，但要把握自己的原则是一条不变的底线。也就是说，既要和周围的人打成一片，又要保持一定的距离；在工作中一方面虚心学习他们的高尚品质、工作经验、为人处世的方法，另一方面又要洁身自好，以事业为重，有自己的奋斗目标；在生活中，既要和工作中的领导、同事有或近或远的交际，又要根据自己的爱好和兴趣，拓展自己的交际空间，多接触不同的人，切忌在一个固定的圈子里游离。

最后，要区分对自己和别人的态度。在工作中要严己宽人，应本着与人为善的态度，和每位同事友好相处，不要陷入已形成的纠葛之中，在非原则问题上，最好本着严于律己、宽以待人的态度，淡化矛盾。实际工作上要踏实肯干，不要只是停留在"纸上谈兵"的阶段，没有任何实质的举动来印证你的表现。青年人有很强的表现欲，在他人的惊叹和艳羡声中，模糊了幻想与现实的界限，于是就说得多做得少。同时要记得随时弥补自己的不足，发扬自己的优点。无法回避的缺点，必须及时弥补，然后就是要有意识、有步骤地发挥自己的专业特长和智能优势，在本职工作中运用它们全力以赴、精益求精。

人生难有诤友

　　真正的朋友是一生的财富，诤友之所以可贵，就在于他们能以高度负责的态度，坦诚相见，对朋友的缺点、错误绝不粉饰，敢于力陈其弊，促其改之。诚如古人云"砥砺岂必多，一璧胜万珉"，其意是说，交朋友不在多，贵在交诤友。如果人们能结交几个诤友，那么前进的道路上，就会少走弯路，多出成果，事业发达。然而，在各种各样的朋友中，最难结交的便是诤友。

　　敢于说批评话，勇于指出朋友的不足，是诤友的显著特征。这样可能让朋友不高兴，甚至得罪朋友。故此，有些人不敢也不太愿意做诤友。当他们面对朋友的缺点不足时，即使看到了，也很少有勇气直言指出，或者佯装不见，睁一只眼闭一只眼，采取"多一句不如少一句"的态度，特别是对于那些讳疾忌医的朋友更是如此。可见，要做诤友必须首先战胜自己，抱着对朋友负责任的信念，而不怕一时得罪朋友，树立仗义执言的大无畏精神。人们接纳诤友也很难，听到刺耳诤言，人们会心里难受，面子上难堪。有的人对诤友的批评不予理睬，甚至十分反感。特别是那些有成就有地位的人，听顺耳之言多了，逆耳之言往往听了很不舒服。这种态度只会伤诤友的心，破坏彼此关系，最终失去诤友。面对诤言有时人们也会控制不住情绪，对诤友发火，但事过之后马上道歉，挽回损失，仍不失领导者的风范雅量。诤友诤言也仅限于大是大非的原则性问题，不宜事事指点评说。对说诤言的策略方式稍加讲究也是诤友真正有责任感的表现。

如何挽回友情

朋友之间往来就是一个不断摩擦，然后融合的过程。因为各种摩擦导致互不来往，影响双方之间的感情，是任何人都不愿意看到的。但是如何重归于好呢？一般来说，通常可以通过以下途径逐一解决。

第一，直接道歉。放下架子，主动"登门造访"，向对方赔礼道歉，主动承担责任和过失。矛盾冲突到难以饶恕的地步，请求原谅的一方直言赔礼已不奏效，只有效仿廉颇"负荆请罪"，亲自到受害方请求惩罚自己，勇敢承担一切责任一切后果。

第二，分析自己的过错。矛盾冲突中对方错误、自己正确的情况下，事过境迁后再将事情冷静分析，心平气和分析给对方，可能会赢得对方的主动道歉。

第三，平静地进行说理。冲突双方处于"冷战"的僵持状态，己方应高姿态找对方说清原委，寻找分歧原因，自我批评，话顺理明、理明气顺。

第四，通过时间来淡化。"剪不断，理还乱"的纠葛可以冷处理，让时间老人给双方更长的矛盾磨合期。

与不同性情的人的相处技巧

大千世界，形形色色的人存在于日常生活和社会交往中，很容易碰到不合群的情况，变不合适为合适才能顺利进行交际，借此形成自己的为人处世之道，以此来改变人生。在生活中学会和不同性情的人打交道是非常现实和必需的，因此，我们必须掌握一点与不同性情的人打交道的技巧。

技巧一，学会对别人关心和关注。不论什么性情的人，都需要别人的关心和帮助，也都愿意关心和帮助友好待己的人。在人与人的频频接触中，就会增进了解，增强相容性，感觉你是真心实意地待他，自然相互之间相安无事，而且会心存感激之情。关注他人的工作和生活，取得成绩的时候予以肯定和称赞，遇到麻烦时，表示一下关心，即使帮不上忙，也令人感到温暖。

技巧二，善于理解和尊重他人。尊重他人，首先要尊重别人的意见，要善于听取别人的意见，有则改之，无则加勉；其次要尊重别人的生活习惯，不能因为与自己不一致而看不惯，甚至横加指责。理解和尊重是相互的，你理解别人、尊重他人，他也才会尊重你、了解你、理解你。

技巧三，设法强化共同的"兴奋点"。人们存在性情上的差异，并不意味着没有一点相同之处，可以在兴趣爱好、目标志向、生活习惯等某方面试着去寻求共同点。通过交谈、活动等方式强化相同的意识，从而产生心理上的"共鸣"，增进了解，增强认同感，从而在其他活动中，避免排斥心理，取得观点认识的一致。

远亲不如近邻

俗话说，远亲不如近邻，可见邻里相处的好处真的值得我们期待。现在都市里生活节奏加快，人与人的接触很小心，邻里关系尤为敏感。这更显出与邻里友好相处是门艺术，我们都必须注意更多的是一系列的生活细节。例如要以身作则，讲究礼让，注意维护环境卫生、公用物品等共同利益。又如，娱乐或干家务时，声音不要太大，以免影响或干扰别人的生活，尤其是休息时间。

人与人之间交流的基础在于相互尊重，对于邻里关系而言，不要打探别人的隐私，尤其是不要在邻居甲面前议论邻居乙，也不要在邻居乙面前数落邻居甲，避免搬弄是非。同时邻居之间要相互信赖，不可"失斧疑人"。你若有急事也不妨托邻居照顾一下家里。例如，出远门托邻居照看家门，事情忙让邻居照看一下孩子。每个人都是珍惜别人的信赖的，摆出万事不求人的姿态会影响邻里关系。

主动改善邻里关系的关键在于邻里之间勤交往，不妨和邻居聊聊家常、常向邻居老人问好、招呼邻居孩子等。邻居若来串门要表示欢迎，有可能的话，可安排一些共同娱乐的机会。做些新鲜别致的食物，也不妨让邻居尝尝，使邻里关系更融洽。交往不宜打扰别人的工作、生活。邻居家有困难要主动帮忙，诸如别人有事代接孩子、别人家人病了替送医院、代买东西等。有些事情你付出不多，却帮别人解决了大问题，利人不损己，何乐而不为。

一旦与邻居发生矛盾或误会时，若非原则问题，以"息事宁人"为好。若确有症结也应主动与对方心平气和地商谈，寻求解决的方法，最忌赌气发火，恶语伤人。

如何与尊贵长辈相处

日常生活中我们经常要与不同地位、资历的人打交道，作为下级或后辈，我们应该如何与上司、长辈们相处？以下三方面至关重要。

首先，要充分尊重，切忌轻狂。如果与尊长之间已经建立了友情，就应当充分表现出对他的尊重。在私下场合可不用太拘谨，但在公共场合必须注意区别，严肃对待。适当地展现自己的才能未尝不可，但切勿过于狂妄自大，滋生长辈反感。

其次，无须拘谨，不卑不亢。必要的时刻需要展示出自己的气质与风度，不要因过于有心理压力而给人一种猥琐窝囊的感觉。但也不要一味阿谀奉承，虚情假意去讨好长辈，否则会适得其反。

最后，真诚主动，接受呵护。既然是与尊贵长辈交往，那么自然要我们首先积极主动地迈出友好的一步，充分表达自己的诚意。而尊长身份特殊、尊贵，一般不随便与人交往；而在真正交往的过程中，乐于接受尊长的呵护且恰到好处，往往能显示出尊贵者的力量和地位，使其产生一种自我价值实现的乐趣和满足，而且我们可以得到尊长所施予我们的成长所必需的经验与财富。

如何同恋人相处

爱情是人类最美好的情感之一，但爱情也需要言行的小心呵护才能结出甜美的果实，有一些做法是不可取的，是爱情的毒药，我们要小心回避。

第一，不要终日争吵不休。两个人彼此喜欢才能走到一起，一起生活是为了快乐，而不是争吵，无休止的争吵会破坏两人间温馨的关系和感情，对此，生活上可以求同存异，互相尊重对方不同的观点和意见。

第二，不要太多谈及过去的感情。经常提起过去的恋人，会给现在的恋人带来心理上的影响，让他（她）认为那是你难忘旧情或者是在拿以前的恋人和他（她）进行对比，这都不利于你们感情的发展。

第三，不要轻易说分手。恋人之间最忌讳用分手威胁对方，这对感情的伤害基本上是无法弥补的。年轻人比较喜欢开玩笑，但要有底线，说者无心，听者有意。如果对方把你说分手当了真，那爱情的苦果只能自己品尝了。

第四，不要成天腻在一起，要有各自的独立空间和时间。如果恋人每天都腻在一起，那就会影响学业和工作，也不利于各自的进一步发展，久而久之，新鲜感越来越少，发现的不足越来越多，对感情的发展是不利的。

第五，爱情切忌受外界摆布。恋爱是两个人的事情，别人只能给他们的交往提出建议，但没有人有权利干涉他们，即使是父母的意见，也只能作为参考，因为只有当事人彼此才最明白对方是不是和自己合得来。

第六，不要强人所难。人的本性是很难短时间内被改变的，因此当发现对方的缺点的时候，不要对对方的改变速度抱太高期望，如果两个人彼此相爱，是会尽力为对方改正自己的缺点的。如果强制对方去改变，会让对方产生逆反心理，时间长了可能会觉得感情是一种负担，这样就因小失大了。

慎重对待爱情诺言

彼此相爱的男女在热恋中往往会做出各种各样的承诺，其中，婚姻是一种对爱情最大的承诺。这些承诺如果许得得当，会使今后的生活增添许多欢乐的期待，但如果随意许诺，往往会给日后的生活带来隐患。

第一，为了讨好而许诺。如结婚前女方讲"有人给我看过'相'，说我是生儿子的命，将来肯定能让你这个'独子'有'龙的传人'"，男方听了乐得合不拢嘴。细想想，这岂不是为将来万一生女孩埋下了一颗苦果吗？

第二，为表现自己而许诺。恋爱中的男子表现欲特别强烈，和恋人谈到理想和明天时不容易把握分寸，描画出的未来过于美丽绚烂，却没有实现它的把握，做出这样的许诺时要特别谨慎小心。

第三，意乱情迷中的许诺。男女热恋的时候，由于感情的冲动，随便把当时能为对方做到的事做出一生的承诺，结果激情过后，生活进入平常，却没有动力继续把承诺维持下去，这就给人以非常不好的印象，不利于男女之间以后感情的发展。

第四，用幻想许诺。恋爱的人为了留住对方，不惜许下自己无力实现的诺言，这样的恋爱危机四伏，一旦现实戳穿了谎言，爱情也就走到了尽头，为爱而做出虚假承诺的人终将自食苦果。

如何拒绝无缘的爱

爱情的路上虽然充满甜蜜，但不会总是一帆风顺，当遇到无缘的人追求的时候，如果不能当机立断，就会给生活带来很多麻烦，可是，你该如何巧妙地回绝呢？

方法一，诚恳地回绝。当对方把真诚的情感向你倾诉的时候，应该对这种感情表示尊重，如果不能接受对方的爱，就要坦白地向对方表明，不能拿这种真挚的感情开玩笑，这对对方的伤害是巨大的，也容易给自己埋下危险的种子。

方法二，回绝的同时指出对方的优点。人在求爱被拒绝的时候受到的打击是很大的，这时候就需要好好地安慰对方，善意地赞扬对方的优点，使他（她）的自信心不致受到太大伤害。但要把回绝的意思表达清楚。不要半推半就。

方法三，用暗示的方式回绝他人。当对方属于比较腼腆的类型，用一种比较含蓄的方式多次向你表达爱慕之情的时候，你也应当尽量采用一些比较婉转的方式来暗示你的回绝，这样可以使对方心理受到的伤害降低到最小。

方法四，回绝爱情的同时留住友谊。友谊和爱情是可以分离的，你拒绝了别人的爱情，并不是在拒绝你们之间的友谊，这才是成人之间处理感情问题的正常方式，但对那些用心不良的人，应该明确拒绝，避免对方进一步的纠缠。

如何对待被妻子当众奚落

妻子在大庭广众之下奚落嘲笑丈夫，或者在家中当着客人的面出丈夫的洋相，或者在孩子面前贬斥丈夫，这些做法都会损害丈夫在外人心中的印象，该怎么处理这样的事情呢？

方法一，妻子在心情不好的时候，容易对丈夫的小过失抓住不放，发泄自己的情绪。作为丈夫，这时候要懂得宽容自己的妻子，说些好听的话，做些让她高兴的事，哄她开心，等她心情转好就会对丈夫产生愧疚，不会再轻易让丈夫在人前受自己的羞辱了。如果在妻子生气的时候和她发生争执，只会起到火上浇油的效果。

方法二，对于突发事件，要随机应变，当众给妻子一个不发火的台阶下，如果妻子不是特别刁蛮，应该会接过丈夫的话说下去，就可以避免在大庭广众之下争吵。小宋星期天上午溜到同事家打麻将，不知不觉已到了下午两点多，无意中一抬头，却见妻子面带怒色急匆匆奔来，他暗自叫苦。若一声不吭灰溜溜地跟她回去，太"掉价"；若与她争吵起来，也有失面子。他急中生智道："还是媳妇关心我，我有胃病，怕饿坏了，来找我吃饭去，只好失陪了。"妻子一改怒色，接着说："等他吃完饭，再和你们玩。"在妻子突然间不给面子时，要保持冷静、沉着应对。

方法三，当妻子的心情平静下来后，要制造一个温馨的气氛与她坦诚地谈谈这样的事情会对家庭、孩子、夫妻感情产生的危害，如果妻子是比较明理的人，这样做能起到一定作用。

经营温馨港湾

大家都渴求一种美满幸福的家庭生活，在平淡祥和的生活中不间断地有小惊喜和小插曲，我想肯定会让温馨的港湾洋溢着欢声笑语。这不仅给繁忙的生活添加了调剂因素，而且更容易促进家人之间的和睦相处。关键在于要让对方能够感受到你的关爱和细腻，让对方的心里产生一股暖流。但现实生活中仍有一部分人对如何和家人相处存在认识误区，使得自己没有办法调剂平衡。主要原因在于方法和分寸掌握得不到位，下面就介绍几招，希望对你有所启发。

第一，要善待妻儿。这种善待包括：爱的付出、给对方安全感及承担共同的责任。要看重小事，比如，要打电话告诉妻子晚归的原因；出差时给妻子买点小礼品等，这样，自然能融洽夫妻关系。同时要学着倾听，通过对方的言谈了解对方、理解对方。尤其是丈夫要倾听妻儿的心声。夫妻之间要尊重，最关键的是尊重对方的人格，不要以对方的缺陷取乐、把对方当出气筒等。懂得在夫妻之间制造情趣，营建良好的家庭氛围，加点浪漫色彩。比如下班归来，不妨从后面拥抱一下忙着做饭的妻子，或轻吻她的脸颊，而后帮着做饭，其乐融融，不是一种享受吗？

第二，凡事要把握分寸，懂得谦逊处事。尤其是在涉及处理一些具体事情上既要相互谦让，又要有点原则；既要急人所急、想人所想，又不要干涉过多。更重要的是要善于忘记，忘记婚前其他恋人的优点，同时忘记家人间不愉快的事情。

第三，拓展交际空间，结交各类朋友。尤为重要的一点是夫妻应该拥有几个共同的知心朋友。当夫妻二人共同置身于朋友之间，不仅能培养出共同的爱好和情趣，而且促进相知相爱。但要有张有弛，既要有共同的空间也要不时地保留距离，正所谓"距离产生美"。大多数情况下给家人以"个人空间"是明智的做法。该问就问，但不纠缠不放。

夫妻吵架的禁忌

夫妻之间的家庭生活中充满了未知数，其中包括和谐的音符，也有不合音律的刺耳音符，这一系列的问题都是不可避免的。但事物总是具有它的两面性，有利有弊才能构成一个和谐完整的个体。夫妻之间的争吵道理亦是如此，事实表明适当的夫妻间争吵有助于减轻双方的心理压力，在促进双方感情沟通、更新与升华方面有着特殊的功效。可难点在于如何去把握这个分界点，把握好火候和度数，下面就谈几点建议。

建议一：避免激情迸发。夫妻之间应以明辨事理、加深理解为目的，以争论、争辩为手段，以温和谦让的婚姻感情为背景，应成为夫妻间争吵不可动摇的原则。夫妻间争吵务必要克制、冷静，切莫头脑发热、咄咄逼人。

建议二：切忌翻算旧账。人人都不愿提及逝去的过失。因此，争吵双方都应顺应情理，做到就事论事，消除分歧，以达成共识。切莫借题发挥、由此及彼，图一时痛快。

建议三：不可羞辱人格。首先，争论双方都不应该说些以偏概全的话来恶语伤人。如"你是个自私狭隘的人"等。其次，要禁用污言秽语，避免厉声断喝、歇斯底里。最后，不要在众人面前呵斥责问。

建议四：注意封锁"家丑"。有句古话叫"家丑不可外扬"，作为隐私的"家丑"，只能是家庭成员秘而不宣的事。夫妻间的争吵，自然也属于"家丑"之列。一方只图宣泄愤懑，企图让家庭外的亲朋评个是非，是极为愚蠢的。

建议五：选择契机调停。夫妻间的争吵其目的还是在于明辨事理，最终感情回归、重归于好是情理之中的事。但要调停，也要把握时机，选择对方心境舒畅、情绪好转之时，冷静客观地分析事理，才能使对方易于接受。

第四章

HUAJIE SHEJIAO ZHONG DE MAODUN
化解社交中的矛盾

你伤害过谁，也许早已忘了。
可是被你伤害的那个人永远不会忘
记你。

——卡耐基

拒绝也要顾及对方的面子

有一位做事认真、年轻有为的男职员，由于曾在某次交易中，留给对方科长极佳的印象，这位科长十分欣赏他而热心地帮他牵红线，他则非常有技巧地拒绝了他：

"这件事情（有关做媒一事），我恐怕要让你失望了，实在很抱歉！因为，虽然我也认为，一个男人是非结婚不可的，但在事前，我就坚定地告诉自己：'不论何人说亲、对象是谁，在自己还没奠定经济基础之前，我是绝不轻易结婚的。'

"现今的我，实在还谈不上结婚的条件，因为我的事业尚未有所成就；我想，总要等到有经济基础了，再来谈结婚之事比较妥当。这完全出于我自身的考虑，问题绝非关系介绍对象的好坏，希望你能够谅解。我这番话，绝对不是只说给你一个人听的。"

有些人在拒绝对方时，因为感到不好意思，而不敢据实言明，致使对方摸不清自己的真正意思，而产生许多误会。其实，在人际关系的交往上，不得不拒绝是常有的事，因此搞坏交情的并不多；倒是有些人说话语意暧昧、模棱两可，反而容易引起对方误会，甚至导致彼此关系破裂。

在你拒绝别人的时候，一定要附带考虑到对方可能产生的想法，尽量明快而率直地说明实情，这才是最根本的拒绝法。

留给对方一个退路

有些人喜欢自以为是，坚持自己的意见，总以为只有自己的想法是最高明的。当你遇到这种人，想要拒绝时，一定要先好好考虑一番。

首先，你必须自始至终、很有耐心地把对方的话仔细听一遍。一个人在说话的时候，心里一定也留有一个空间来容纳对方所讲的话，当你完全听完对方的话后，心里应该有了打算：该怎样说服对方、拒绝对方，才是最巧妙，而又不给对方难堪？

举例来说：自己的心目中，已经有了一个理想的高尔夫球场，正想前往报名参加时，另有一位朋友，很热心地向你推荐另一个，并极力邀请你一同前往报名，此时，你可能会左思右想、犹豫不决，感到非常苦恼。

你可以说："我想另外找一个适合自己的高尔夫球场，你尽管高高兴兴地去报名吧！我还是很感谢你，那么热心地把你认为最好的高尔夫球场推荐给我。我想，总有一天，我会成为它的访客的。"

在此你必须注意的是，即使自己已经成为自己心目中理想的高尔夫球场的成员，也不可任意批评其他球场的不好。

你只能客观地建议他说："我们两人都各自参加了风格不同的高尔

夫球场，哪天我们也来交换享受一下不同的乐趣，如何？"

这样客观而含蓄的推荐，对方一定能够心平气和地接受，且也有助于建立彼此更深厚的友谊，以后你再打高尔夫球，心情一定是格外愉快，说不定由于你的"不否定"对方看法，能够进而让对方"肯定"你的主张；这是因为你替对方预留了一个退路，而对方也能欣然地利用它。

说"不"的几个技巧

生活中，常有这样的场面：一个品行不端的熟人向你借钱，但你心里明白，把钱借给他后便成了肉包子打狗——有去无回。一个熟悉的推销商向你推销一种你并不太需要的商品，或者照他的价格买下来还会吃亏。诸如此类的事你必定会加以拒绝，可是拒绝之后就可能影响交情，被人误会，甚至种下仇恨的种子。

要避免这样的情形发生，就需要运用理智，巧妙地加以回绝。

有这样的一个例子。在某大型跨国公司的一次会议上，公司董事长拿出一个为该公司的新产品而设计的形象标志征求大家意见。该标志的主题是旭日。董事长说："这个旭日很像日本的国旗。日本人见了一定会乐于购买我们的产品。"营业部主任和广告部主任都极力恭维这个设想，但年轻的销售部主任说："我不同意这个设想。这个设计与日本国旗很相似，日本人喜欢，然而，我们另一个重要市场是中国广大的消费者，他们也会联想到日本的国旗，就不会产生好感，就会不买我们的产品。这不是与本公司要扩展对华贸易营业计划相抵触吗？这显然是顾此失彼了。"

"天呐，你的话高明极了！"董事长叫了起来。

向有权威的人士表示反对或拒绝，你一定要有充分的理由，还要注意技巧。

以下几点建议，或许会使你恰到好处地拒绝别人。

尽可能以最为友好、最热情的方式加以拒绝。比如，别人邀请你参加一项活动，而你实在没空，抽不开身去，就可以先恭维一番，如"对你的邀请我感到万分荣幸"，然后讲出不能前往的理由，别人就不会有太多的不快了。而你若不加解释就回绝，别人会对你产生"架子大"的印象，对今后的往来不利。

不要只针对对方一个人。假设你是供销科长，面对其他厂的推销员上门推销原料，而你厂已不需要，你若直接回绝就会对今后往来带来不利。你可以这样对别人说："我们厂已与××厂签订了长期供应合同，厂里规定暂不用其他厂的原料。我也应按照规定办。"因为你讲的是任何单位，就不仅仅针对对方一个人了，他也不会埋怨你。

让对方明白你是赞同的。某民航售票员面对大批的订票常常要回绝不少人的请求。她总是带着非常同情的心情对旅客说："我知道你们非常需要乘坐飞机，从感情上说我也十分愿意为你们效劳，使你们如愿以偿，但票已订完了，实在无能为力。欢迎你们下次能乘坐我们的飞机。"这一番话说完，叫旅客们再也提不出意见了。

从容面对指责

麦金莱任美国总统时，因一项人事调动而遭到许多议员政客的强烈指责。在接受代表质询时，一位国会议员脾气暴躁、粗声粗气地给总统一顿难堪的讥骂。但麦金莱却若无其事地一声不吭，听凭这位议员大放厥词，然后用极其委婉的口气说："你现在怒气该平和了吧？照理你是没有权利责问我的，但现在我仍愿意详细解释给你听……"说罢，那位气势汹汹的议员只得羞愧地低下了头。

的确，在生活中，遭到别人的指责和抱怨的事常可碰到。遭人指责抱怨是件极不愉快的事，有时会使人觉得很尴尬，尤其是在大庭广众面前受到指责，更是不堪忍受。但从提高一个人的处世修养的角度讲，无论你遇到哪种情况的指责，都应该从容不迫，对者有则改之，错者加以耐心解释，泰然处之。为摆脱指责的尴尬局面，不妨采纳心理学家提出的以下建议。

保持冷静。被人指责总是不愉快的，面对使你十分难堪的指责时，要保持冷静，最好暂时能忍耐住，并做出乐于倾听的表示，不管你是否赞同，都要待听完后再做分辩。因对方的一两句刺耳的话就按捺不住，激动起来硬碰硬，不仅解决不了问题，还易将问题搞僵，将主动变为被动。

让对方亮明观点。有些指责者在指责别人时，往往似是而非，含糊其词，结果使人不知所云。这时，你可向对方提出讲清问题的要求，态度要和气，如"你说我蠢，我究竟蠢在哪里？"或者"我到底干了什么傻事？"，以便搞清对方究竟指责和抱怨你什么，让对方及时亮明自己的观点和看法。这一策略往往能有效地制止指责者对你的攻击，并能将原来的攻防关系转变为彼此合作、互相尊重的关系，使双方把注意力转向共同感兴趣的问题。

消除对方的怒气。受到指责，特别是在你确实有责任时，你不妨认真倾听或表示同意对方对你的看法，不要计较对方的态度好坏，这样，指责完毕，气也消了一半。即使当你确信对方的指责纯属无稽之谈时，也要对其表示赞同，或者暂时认为对方的指责是可以理解的。这会使对方无力再对你进行攻击，相反，你却可以获得更多的机会和时间进行解释，从而消释对方的怒气，使隔膜、猜疑、埋怨和互不信任的坚冰得以化解。

平静地给恶意中伤者以回击。也许，大多数指责者并不是出于恶意而指责别人的。但是，在现实生活中，确有极少数人为了其个人目的而对他人进行恶意中伤。对于这样的寻衅挑战者，应该坚定地表示自己的态度，不能迁就忍耐，更不能宽容而不予回击，但应注意态度，以柔克刚。这样，会使你显得更有气魄、更有力量。

真诚地道歉

道歉，即向对方致以歉意的一种礼仪。在日常生活、工作和学习中，因自己的言行失误而打扰、影响了别人，或者给别人造成了精神上的伤害或物质上的损害时，都应主动向对方道歉，挽回影响，以便继续维持相互间的来往和友好关系。

那么，怎样向别人道歉呢？以下几方面可供参考。

第一，注意道歉的范围。在下列情况下都应向对方表示歉意：

（1）同学、亲友和老师托付自己办的事情未能办好时；

（2）自己失礼、失手时；

（3）无意中碰撞了别人时；

（4）在拥挤的街道、公共车辆上挤了或踩了别人时；

（5）在食堂排队买饭碰落了别人的餐具时；

（6）因有事而必须打断别人的谈话时；

（7）打扰了别人的工作或休息时；

（8）敲错了别人的家门或叫错了别人的姓名时；

……

第二，注意道歉的词语。表示歉意的词语一般有这样一些："对不起""请原谅""打扰了""很抱歉""给你添麻烦了"……在向别人道歉时，一定要说得极为诚恳，否则不但不会被对方谅解，还有可能激起对方的愤怒。另外，在向对方表示歉意时，除了态度要诚恳外，还要选择对方乐意接受的语言。

第三，注意道歉的方式。向对方表示歉意的方式有：

（1）当面口头道歉；

（2）约时间面谈道歉；

（3）打电话道歉；

（4）书信道歉；

（5）到对方家中或单位亲自拜望道歉；

（6）托第三者转达道歉；

……

向别人道歉所采用的方式，一定要根据自己与对方熟悉的程度和歉意的程度认真选择，一般以当面口头道歉为宜，如果带有赔偿性的道歉，才选用到对方家中或单位拜望道歉的方式。

第四，注意道歉的时机。同学、朋友之间可能因为一些误解发生摩擦和纠纷，事后应立即向对方道歉。如果对方的火气正旺，感情非常激动，不妨采用冷处理的方法，等待对方冷静下来后，再主动向对方道歉。这样可能比立即道歉的效果更好，也易于对方接受。

第五，注意道歉的礼节。道歉时，态度要严肃。首先主动承认自己犯的错误和过失，对给对方带来的损害表示深深的歉意和内疚，然后请求对方给予谅解和宽恕，并询问对方有什么具体的条件和要求，对方的理由和要求如果合理充分，要给予满足。如果对方一时不理解或拒绝接受道歉，要反复表达自己的诚意，对于对方的冷言相待和粗暴的态度，应体谅人家的心情，用真心实意的言语感动对方，该赔礼的赔礼，该赔偿的赔偿，以求得对方的谅解。切不可在道歉时再次与人家发生争吵，也不得在虚情假意地赢得了对方的谅解后，再去指责对方的不是。

第六，注意道歉的原则。道歉的原则：男士主动向女士道歉；年幼者主动向年长者道歉；学生主动向老师道歉；职务低的主动向职务高的道歉；子女主动向父母道歉。

不可滥交朋友

朋友大致可以分为三类：一类是工作朋友，即由于工作原因而结识的朋友，如同事、客户等；另一类是生活朋友，即以前在学校或生活中结识的朋友；第三类就是一般性的"点头"朋友。前两类朋友都应有个限度，如果滥了，就会全部变成第三类朋友，滥交朋友必导致无真正的朋友。

我们交朋友的目的一是让生活充实、丰富，能在工作之余有人一起娱乐、一起聊天；二是有利工作，希望在工作上能得到朋友的帮助。很显然，朋友太多就不可能有太多时间去了解、交流，也就不可能建立真正的友谊，朋友之间没一定的感情基础，那么就很难谈得上互相帮忙。

未必生意场上认识的人多就好办事，没有一定的交往基础，别人是肯定不会帮你的，除非你自己有权有势，别人帮你是想得到回报。所以能结识一些相互欣赏、有情有义的工作朋友才最好。

滥交朋友的人会给人一种生活缺乏原则的感觉。如果你以认识的朋友多为荣，那你肯定会主动去拉拢各种各样的人，只要有机会，你就会热情主动地结识。其实人际交往最忌讳大献殷勤，不卑不亢是交际的首要原则，因为自尊是交往中首要的吸引力，如果抛弃自尊去讨好别人，肯定得不到别人的尊重，而且一般以交友多为荣的人都希望结识更多的有钱有势的风云人物，而这些人最看不起故意讨好的人，因为他们见得最多的就是这种人。所以喜欢滥交朋友的人往往会失去自我，让人瞧不起。

喜欢滥交朋友的人往往缺少真正的朋友。和朋友建立深厚的友谊需要各种努力，首先是要花一定的时间，即使你们青梅竹马，几年不联系也可能形同陌路。因为社会在变，人也在变，不经常交流肯定会产生隔阂。而喜欢滥交朋友的人是肯定没有时间专门给一些朋友的，他们也认识不到友谊需要细心栽培，他们把朋友当作稻穗一样，以为认识了就像把稻穗捡回家里一样，以后想用就可以随时用。建立友谊需要不断地付出，朋友间的友谊就像爱情一样是个空盒子，首先你得倾注关心、帮助、理解，然后你才能得到关心、帮助、理解。滥交朋友的人是不可能不断地付出的，他没这么多时间和精力，所以他的朋友都只是一些点头朋友。而且，万一不幸交了个坏蛋无赖朋友，那就有你烦的了，骗你点钱，占你点便宜。弄不好交个要钱不要命的家伙，那就更危险了。

所以，我们交朋友要宜精不宜多，要悉心结交一些志同道合的工作朋友和生活朋友，而且要有一定的感情基础，工作上能鼎力相助，而不是建立在纯利益基础之上的关系。一些生活中的朋友要多加联系，因为这些朋友都是些有着共同经历、经过时间考验的知心朋友，要留一定的时间和精力不断加深友谊。这部分朋友是最可靠的，因为你们之间没有利益冲突，是一份最纯的友谊，任何时候，他们都能给你帮助。

当然，交友时要有一定的戒心，有一定的识别能力。和一个人交往时要判断对方和你交往的动机是什么，是看重你的人还是其他，如果纯粹看重你的钱和势或其他利益，那么就不必深交，如果能形成互利互惠，当然也不妨交往一下。

不要总对别人说"我很忙"

面对竞争如此激烈的社会，每个人都会感觉要做的事很多。上班时忙，下班时也忙；单位忙，家里也忙。孩子的学习如能自觉些，似乎还能省点事，但自己的学习充电也挺忙，所以我们经常挂在嘴上的一句话就是"我很忙"。正因为生活在这个快节奏的社会，才需要寻求朋友的帮助。有了朋友的帮助，我们会感受好些，朋友也一样。如果你经常对朋友推说"我很忙"，那是拒绝朋友的请求，同时也断了自己的后路。

总对朋友说"我很忙"就是对朋友的拒绝，也是对自己的封闭。星期天，朋友邀请你去打球，你因为要辅导小孩作业而推说"我很忙"；

晚上，朋友因为伤心事想找你聊天，你因为要看电视而推说"我很忙"。几次下来，朋友会很知趣地对你敬而远之。而当你需要朋友的时候，你会发现朋友也学着你的样子拒绝你。

总对别人说"我很忙"，似乎也是一种自私。有时候你确实有很多事要做，但并不是每件事都非常重要，也不是每一件事都得立即完成。而此时，朋友有事请你帮忙，虽然那样会耽误你的时间，但如果你想着朋友需要你，想着你应该帮助朋友，那么你会把一些自己不太重要的事先放一边。相反，如果只想到自己，那么就会以随口一句很简单而又挺有面子的"我很忙"加以拒绝，有时也会假惺惺地加上一句"对不起"。不管朋友的事大小如何，如果把对朋友的帮助放在最后一位，放在自己所有小事之后，那么可以想象朋友在你心里的位置。

有时候，推说"我很忙"是一种无能的表现。有的人头脑里塞满了各种各样的事，当朋友有事相求时，虽有心相助，但自己弄不清该如何安排自己的事，不知道哪件事重要，哪件事紧急，无法分身，所以只能无奈地对朋友说声"我很忙"。如果是领导吩咐的事，聪明的人会安排好自己手头的事，尽可能抽空完成领导安排的任务；而无能的人面对自己一大堆杂乱无章的事，只能对这个表现自我的机遇说"我很忙"。

所以，我们在生活和工作中，要尽量少说"我很忙"。首先要能热心帮助朋友，满足他人的愿望，要知道，尽可能地帮助他人，也一定能得到他人无私的帮助，而很多事情光靠自己一个人是难以完成的。

其次，我们要能清醒地分清事情的大小，安排好先后，如果自己的事情既重要也亟须完成，而朋友的事又不太急，你当然可以另外安排时间。而如果自己的事和朋友的事都重要也急，那么应该诚恳地说明原因，当然最好能帮朋友出个主意，相信朋友会理解你的难处。

当然，"我很忙"也是拒绝一些人的无理要求的最好托词。少说"我很忙"也并非总要说"让我来"，抛开所有自己的事去帮助别人，除了能让他人感激之外，似乎没太多的好处，相反可能会因做不好自己的事而被人说闲话，甚至被炒鱿鱼。

尽量避免争吵

人和人之间就某件事产生分歧是非常正常的，很多人在产生分歧之后首先想到的是争论，甚至争吵，这似乎也是正常的，但正是这种似乎正常的解决办法却恰恰是最糟糕的办法，其实，最好的办法就是避免争吵。

在一次宴会上，一位先生讲了个幽默故事，其中提到一段引语，他说是出自《圣经》，然而他的邻座很清楚地记得这是出自莎士比亚的作品，于是很自信地指出了这个错误，结果是各执己见，互不相让。正好边上是一位莎翁研究专家，于是决定让他评判，那位专家对那位指出错误的先生说："你错了，那位先生是对的！"

在回家的路上，被指出错误的那一位很诧异地问专家："你明明知道我是对的，怎么说他是对的？"专家的回答是："这么多人看着，你为什么要让他丢面子？如果让他丢了脸，他会恨你一辈子，而绝不会感激你指出了他的错误，绝对不要以为指出他的错误是为他好！"

事情确实如此，和一个人争吵，一般是不会有什么好结果的，因为为了各自的自尊，谁都不愿意轻易地屈服，而往往分歧双方都各有优点，也各有缺点，或者根本就没有好坏可言，只是角度不一样，所以争吵是不可能有结果的。而且争吵总是营造一种敌对的气氛，在这种气氛中，双方都只会盯住对方的缺点，而不会考虑对方的优点。即使是很明显的一个错误，你把它指出来，或者用你的天才般的辩论把他驳得体无完肤，让他觉得低人一等，其结果只会使他怨恨你，或者违心地服理，但可能观点照旧，甚至会在以后的工作中影响相互的合作。即使是 $1+1=3$ 这样简单低级的错误，你也该找个恰当的机会指出来，越是简单的错误越不能公开地、无情地指出。

释迦牟尼说："恨不消恨，唯爱释恨。"当你抱着敌对的态度去解决问题，结果只会水火不容。只有在尊重对方的同时提出建议才可能被接受。所以我们要尽量避免争吵。要做到避免争吵，首先要有欢迎分歧的态度，记住这样一条格言："如果一对伙伴总是意见一致，那么他们中的一个就是多余的。"所以分歧是必需的，也是必然的，没有分歧就没有解决问题的最佳办法。其次要告诉自己，在发生分歧的时候，要冷静地先听对方说，给对方时间，然后你才会有较客观的评价。但最重要的是如何开口，很多人在开口之前是理智的，但慢慢地就失去控制，无法引导对方情绪，也没法控制自己的情绪。开口要先强调对方的优点，先肯定对方，然后承认自己观点中的不足，即使没有也要编一个。因为要让对方认识到他的不足，最好的办法就是先自我批评，最后很婉转地指出对方的不足，请他考虑。相信这样一个简单的程序能避免大部分争吵。

不拘小节不可取

　　有人总认为要成大事就要不拘小节，否则就会被小节拖累，其实这种想法是不妥的。注意小节是对事情的周密安排，是一种负责的表现。比如，要接待一位客人，可能就要从接客人用的车到路上谈些什么、安排在哪个酒店，甚至他喜欢抽什么烟都要细加考虑，只有这样才可能给客人留下较好的印象。

　　和人初次见面，尤其要注意小节，因为它决定是否给人留下较好的第一印象。在生活中这种初次见面往往经常碰到，如和客户谈生意、和新朋友见面、招聘面试等。在见面之前，最好能对对方有个较全面的了解，以便在交谈中处于主动。对别人的预先了解也体现了对对方的一种尊重，见面之后一句"我知道你很喜欢收藏，我也很喜欢集邮，什么时候好好向你请教"，相信马上能引起对方的好感。在见面时，衣着打扮当然也不能忽视，不一定要非常正规，只要得体就行。参加婚礼穿运动服肯定不行，而约朋友出外游玩，穿休闲类衣服则是最恰当不过了。和人约好见面，最重要的是不能迟到，交换名片之后看都不看就塞进口袋也不妥。当然谈话的时候肯定要找机会谈谈自己，也不要忘了找机会让对方谈谈感兴趣的事。如果要抽烟，最好要征得对方同意。如果你的任务是接待客人，能在他的酒店客房里预先送放一束鲜花和几句欢迎词，客人一到房间肯定会有宾至如归的感觉。

当然除了和人第一次见面要注意小节之外，和长辈、领导在一起也要特别小心。见了面，微笑着主动打招呼是起码的规矩。当你有急事要进领导办公室，千万别忘了敲门。当你和领导的观点有分歧，当面争论当然是最不理智的办法，如果觉得一定要阐明你的观点，也要恳求领导给你机会，单独找时间说明，千万不能当着众人的面"直言"。如果万一领导误会了你，你也得学会忍耐，不要当面顶撞，最好是事后单独说明或送条子说明。另外，如果跟着领导出外应酬，不能过分地表现自己，要随时摆正自己的位置，在平时，即使领导对你很好、很随和，甚至经常和你勾肩搭背，你也千万不能冲动，不能反过来也勾肩搭背，特别是有外人在场的时候。领导和你亲近是显示他的平易近人，领导总比别人感到孤独，因为他们必须让所有人都尊重他，他希望表现得平易近人，同时又希望你能尊敬他，所以你最好让领导主动和你亲近，切莫没大没小地和领导亲近。任何时候、任何情况下都不要让领导有种不尊重他的感觉。

和朋友在一起最容易忽视小节，虽然和朋友在一起可以随便些，但也绝不能太肆无忌惮，当你不拘小节到让他感觉不尊重他的地步，那就过分了。假如你自以为和朋友关系好，随便拿他的东西用也无须打个招呼，很可能哪一次朋友就生气了。当有人向朋友借东西，你替他做主答应或拒绝，这都是很不妥的行为。随意看朋友的日记和信件那就更闯祸了。

总之，我们做任何事都先考虑一下，这样做会不会妨碍别人、是不是不尊重对方，那么许多小节问题就都能注意到了。

不要张扬别人的错误

谁都希望自己比别人聪明，谁都不愿意别人发现自己的失误。很多人最大的本事就是通过宣扬别人的错误来显示自己的聪明，而这恰恰触到了别人的心病。所以有意无意地张扬别人的错误，是一种损人利己的行为。

在同事或同学之中，有的人总希望能有机会显示自己的能耐，一旦发现别人的失误，就似乎看到了自己的胜利，绝对不会忘记大肆地宣扬出去。如果同桌破天荒地考了个不及格，他就像发现了新大陆一样，在背后逢人便讲。有些企业领导也有此陋习。某单位召开职工大会，厂长很神秘地宣布："据可靠消息，某兄弟厂今年亏损 300 万，下岗 200 人。某兄弟厂今年亏损 400 万，下岗 150 人。"完了，还要附加一句"这是内部消息，外面不要乱张扬"，其实是此地无银三百两，巴不得大家好好宣扬。这似乎就是表彰他自己的功绩，其实他自己亏损多少，可能他连算都不敢算。这种"竞争"方式，很多人发挥得淋漓尽致。

当然也有人由于心直口快，无意中把别人的失误给当面指出来，直到别人脸红脖子粗，才意识到这样似乎不大妥当。很安静的办公室里，你发现同事文件上的一个字写错了，你是好心好意地来到他面前，声音不算很响地告诉他"你把'狠'写成'狼'了",其他人可能没听到,但他却会感觉很难堪,并以为所有人都听到了,如果有人偷偷地笑一声,那就更让他感觉脸上无光,他也可能因此恨你几天。

宣扬别人的失误必然会让对方难堪、尴尬、伤自尊。如果对方能较好地看待,或者说你这人本质还不错,那么可能结果会好些。万一对方是个很要面子的人,或者你人缘本来就一般,那就可能对你很不利了。如果你树敌还不止一个,那就更麻烦了。

所以,我们在平时要留心着点,当别人有错误的时候,最好是两个人的时候,装作很无意地提醒他。这样,他会很感激你,因为你帮他免于丢脸。如果你是老师,有必要对某个学生在全班公开批评,那也得考虑这个学生的承受能力,尽可能地照顾他的自尊,公开批评这种方法绝对不能滥用。

不交酒肉朋友

其实,"酒肉朋友"一词早就有了,古人最不屑这种建立在吃喝之上的朋友关系,而许多现代人却恰恰以此为荣。其实不管是什么性质的交际,都是一个个各具特色的个体展现自我的过程。在展现的过程中,自己的人格力量被别人欣赏,当两个人互相欣赏时,友谊就产生了。当然公务交际更多一些公务的考虑,因为你是代表一个集体,但如果能在公务活动中展现你超凡的人格魅力，那就为你的公务交际增添了许多有利的情感因素。

酒宴只是交友的一种途径，交友的途径是很多的，街中偶遇可以结识一个挚友，邻座而识也能成就友谊，甚至仇人相斗也能不打不相识而打出友谊。举酒相祝只是中国人最传统的一种交友方式，关键还是在吃喝的过程中相互了解，只有在此过程中，充分地展现自我，坦诚地相待，给人一个较为真实、诚恳、有才华的形象，才能三杯两盏淡酒后聊出情义。如果只是一味以酒相邀，以为让对方吃饱喝足方显我诚心诚意，或者喝得我倒在你面前才表我心诚意切，那么没有多少人会真正以你为友，最多只会在三日不见肉味时才想起你。

而且也不要指望酒席上能有什么承诺，即使有，过后也要证实才能算数。所以，只能以酒为媒，尽量以诚相待，展示真实的自我。商场上是需要一些应酬，但完全把自己伪装起来，那绝不是本事。

酒肉可以帮助我们结识朋友，但仅靠酒肉维系的肯定不是真朋友。

不要仅凭义气行事

江湖义气是古代法制混乱的产物，随着社会的进步，人们的行事原则都要以法律为准，如果还抱着江湖义气不放，就只能回到几百年以前去了。

其实我们为人处世有两条原则，一是以做好事为标准，二是以处好人为标准。有人把前者作为最终目标，而有人却以后者为目标。如果以后者为目标，那么他的一切将以讨好别人为出发点、以情面为准则，这种人是肯定做不了好事的。光凭义气行事的人就是以处好人作为他毕生的目标，似乎一辈子有许多哥们朋友夸他够义气，他也就心满意足了。这是很不足取的。

在一般情况下，朋友间互相帮助并没什么不可以，但如果其中掺入"义气"二字，就会生发危险。有的人能清醒、理智地对待问题，那么当互帮互助和原则问题发生冲突时，就能以遵守法律为重；而如果一味以义气为重，那就可能冒犯法律而尊重义气，到头来是害了自己。这样的例子举不胜举。

要把义气之害减到最低程度，首要的任务是学法，把法律牢牢地记在心头，当你冲动的时候，它会及时浇水灭火，让你害怕、让你清醒。

其次，要养成不轻易承诺的习惯。有些人是因为要面子而随口承诺别人，然后为保面子而铤而走险，结果是丢大面子。所以要保大面子就要舍得丢小面子，在开始的时候要考虑清楚，有时，犹豫一下是好事。最后，要勇于拒绝别人。如果明摆着此事要冒险，那就该想想：对方不顾我的安危让我去犯法，这是不够朋友的，我也没必要太够朋友。朋友首先应为对方考虑，如果为了自己的利益而让朋友去冒险，那是卑鄙的，完全可以理直气壮地拒绝。

不做过河拆桥的事

　　每年奥斯卡颁奖晚会上，获奖演员上台，大部分言辞是用来感谢某某，这似乎是一种老调，似乎是一种客套，但这正让我们感受到他们的虔诚和知恩图报之心，而只有过河拆桥的人才会在成功后忘记别人的好。

　　过河拆桥是种小人之举，眼前有利可图，就贪婪地独吞一切，有时是在功成名就以后，随着地位、身价的升高，朋友的帮助在他心目中显得微乎其微，于是把原来朋友架起的桥梁给拆了。殊不知，在亲手拆桥的同时也亲手拆掉了自己在朋友心中的形象，拆掉了自己的信誉。名利是值钱，但最值钱的是"信誉"，信誉无价。如今的时代，连各种"卡"都冠名"信用"，而如果人却不讲"信"，那真是不可救药了。

　　有位美国人在他父亲去世的时候没得到任何有价值的遗产，但当他回老家安葬父亲的时候，在村邻亲友对他父亲的交口称赞声中，他感受到了父亲留给他的巨大财富——信誉，感受到了作为儿子的极大自豪。确实，来世一遭，做人的根本任何时候都不能丢。

　　一个过河拆桥的人在拆桥的同时也拆掉了自己的退路。当你再次需要朋友帮助的时候，铺桥就不容易了。而且拆桥拆出了名，以后就没人愿意帮你架桥了。

过河不能拆桥，最好能过河修桥，过河立碑。李嘉诚作为香港巨富，能有如今的成功也得益于他从来就不会忘记曾经帮助过他的人，滴水之恩当涌泉相报，这是成功者的原则。

凡事先做调查

富兰克林曾经提醒我们："当发怒和鲁莽开步前进的时候，悔恨也正踩着两者的足迹接踵而来。"

遇到不如意的事情就勃然大怒，只不过是宣泄自己的不满情绪，绝不会帮助自己解决问题，或是走出困境。

某企业的一个市场调查科长，因为提供了错误的市场信息而造成了企业的重大损失。犯了这样严重的错误，毫无疑问，企业总经理可以毫不留情地对他进行斥责，甚至撤职。

但是，这位怒上心头的总经理还是忍了忍，他想先了解一下：到底是这位科长本身不称职而听信了错误讯息呢，还是由于不可预料的原因导致的？

于是，这位总经理压下了心中的怒火，只是心平气和地把科长叫来，叫他把判断失误的原因写一个报告交上来。

事情就这样拖了一段时间，几个月之后，这家公司因为这位市场调查科长提供的讯息研判极为准确而饱赚了一笔。

于是，总经理又叫人把那个科长请来，说："你上次的报告我看了，你们的工作做得不太细致，有一定责任，但主要是不可预测的意外原因造成的，因此公司决定免除对你的处罚，你也就不要把它再放在心上，只要以后吸取教训就行了。这一次，你做得不错，为公司提供了重要讯息，我们仍然表扬你。"

说完之后，总经理随即从办公桌里拿出一个红包递给他，这个科长接过来时，不禁眼眶泛红。

俄国文豪屠格涅夫曾经说道："开口之前，应该先把舌头在嘴里转十个圈。"

因此，千万要切记，在开口批评人之前，一定要了解事实，在心里问一下自己："我不会搞错吗？"因此，你一定要管好自己的口，要牢记一句话："没有调查就没有发言权。"遇到问题时，先别忙着发怒和批评人，而是了解情况。

这样一来，主动权就掌握在你的手里。

责备是最愚蠢的行为

能与别人和睦相处的人，代表着他具有维持良好人际关系的能力，这种能力将协助他在事业上或生活上一帆风顺。

至于如何与别人和睦相处，诀窍其实很简单，那就是"将心比心"。

换言之，就是如果你希望别人友善地对待自己，那么就得先友善地对待他人。

新加坡作家洪生在《人性谈》里说："人如冬天里的刺猬，太过疏远就会各自觉得寒冷，可是过于靠近又会互相刺伤。"

这是因为，人与人往来密切，不免因为错综复杂的人际关系，造成双方或多方、或明或暗的攻击。

绝大多数的人都认为自己的观点和言行才是最正确的，错误的是社会大众，无论何时何地，都本能地将自己美化、正确化；即使是被公认为性情乖僻的人，也会执拗地认为"众人皆醉，唯我独醒"，这是人类难以改变的心理特征。

因此，人只要一遭受批评，就立刻采取刺猬般的防卫态度，竖起身上的每一根刺，加以反驳、反击。

即使他表现出虚怀若谷、勇于认错的态度，心中也许还是愤愤不平，盘算着如何伺机报复。

日本明治时代的大作家夏目漱石对于这种现象有着极为深刻的体认，他说："别人对你道歉，向你赔礼，如果你信以为真而原谅他，那你就是个诚实过头的傻瓜。你必须这么想：道歉只是表面上的道歉，原谅也是表面上的原谅。"

由此可见，鲁莽地责备与批评别人，对自己根本没有用处，只会使你的人际关系受到磨损。

打人不打脸，骂人不揭短

英国作家托马斯·富勒曾经写道："失足引起的伤痛很快就可以恢复，然而，失言所导致的严重后果，却可能使你终生遗憾。"

一个人若想和上司、同事建立良好的人际关系，一定要记住：保持适当距离，做事公私分明，尤其要注意，言谈之间不要说到别人的痛处。

被击中痛处，对任何人来说都是件不愉快的事。

不管在什么情况下，不去碰触别人的痛处，不但是待人处世应有的礼仪，更是在都市丛林中左右逢源的关键。

有修养的人即使在盛怒之下，也不会扩散愤怒的波纹，但是涵养不够的人，被激怒了往往就会面露凶貌、口出恶言，甚至随手拿起手边的东西往地上摔。

某些人暴跳如雷的时候，还会口不择言，用侮辱性的语言攻击别人最敏感的隐私，这是相当不明智的行为。

一旦你攻击他人的痛处，修养好的人虽不至于当场发作，与你破口对骂，但心中的疙瘩和怨恨往往难以抹平，如果不幸他是你的上司或客户的话，你就会变成被"封杀"的对象。

在公司里，"封杀"意味着调职、冷冻、开除。

如果你是公司负责人，"封杀"就代表着对方拒绝继续与你往来，或是"冻结彼此的关系"。

中国古代有所谓"逆鳞"的说法，强调即使面对温驯的蛟龙，也不可掉以轻心。

传说中，龙的咽喉下方约一尺的部位，长着几片"逆鳞"，全身只有这个部位是逆向生长的，万一不小心触摸到这些逆鳞，必定会被暴怒的龙吞噬。

至于其他部位，不论你如何抚摸或敲打都没关系，只有这几片逆鳞，无论如何也触摸不得，即使轻轻摸一下也犯了大忌。

其实，每个人身上都有几片"逆鳞"存在，即使是人格高尚伟大的人也不例外。唯有小心观察，不触及对方的"逆鳞"，也就是我们所说的"痛处"，才能保持圆融的人际关系。

主动适应你面前的人

我们每个人，在自己所接触的人中，必然会有与自己合得来和合不来两种类型。若是在学生时代，可以避免与自己性格不合的人交往，但是在企业里，绝不能那样做。与上司、同事相处，如果自己不能积极主动地努力适应对方的性格特点，工作就不可能顺利进行。

在人际关系上经常出问题的人中，多数人都是放弃了这样的努力：

没能积极主动地去适应别人的性格特点。自己不做出让步，去努力适应别人，却一味地批评别人"那个人有缺点……""这个人令人讨厌……"这样就不可能与别人建立良好的人际关系。与合得来的人建立起良好的人际关系，谁都能做到。可是，如果是性格合不来的或自己讨厌的，也应该努力适应他们，并和他们建立起良好的人际关系，这才可以说是一个出色成功的"外交家"。

无论是一个多么小的企业，都有它为维持经营而制定的目标。为了实现这个目标，公司里的每个职员都必须做好自己分内的工作。因为单靠个人的努力是不可能实现公司的奋斗目标的。因此，如果所有成员不能默契合作而无法实现每月每年的目标，那这个企业也就不会存在，更不会发展了。而企业里的全体成员能否默契合作是由人际关系决定的。

性格合得来也好，合不来也好，喜欢也好，讨厌也罢，都必须齐心协力工作，这是企业生存的必需条件。那么，怎样才能做到这一点呢？

首先，要认清对方的特点，然后采取适宜的交往法则。比如，对于心思比较细、重视礼节的人，若采取无所顾忌的粗鲁的方法，那你们之间就不可能建立起和谐融洽的关系。相反，对于不拘小节的人，过于小心谨慎地应对，对方会很厌烦，自然也不会建立起良好的人际关系。要想使自己的人际关系和谐，要想使自己轻松愉快地工作，那就一定要努力适应别人，采取与之相应的交往法则。

如何与自己合不来的人相处

为了与自己性格合不来的人建立起良好的人际关系，平时多用心、多留神是非常必要的。在掌握了人际关系基本常识的基础上，无论遇到任何事，都要试着改变一下自己的思维，改变一下自己的观点、看法。做这些努力对彼此之间关系的好转大有作用。比尔·盖茨列举了几种不损害人际关系的秘诀。

第一，要知道"棘手"和"讨厌"是不同的。当觉得对方不好应付、很棘手时，不要让这个阶段迅速发展成个人感情的好恶阶段，这是非常重要的。因为一旦发展到讨厌的阶段，要想变为喜欢是相当难的。

即使认为是性格不合的类型，也不能陷入讨厌对方的情感。只有停留在只是觉得对方很难与之相处、有些棘手的阶段，才可能冷静地和对方相处。

第二，要与合不来的人多沟通、多交流。无论是谁，都是从觉得与对方合不来的一瞬间开始，进而不知不觉回避与对方交往的。这样彼此的关系永远也得不到好转。越是觉得与对方合不来，就越需要增加与对方交流沟通的次数，越需要主动了解对方。这样做是为了增进彼此了解。掌握了对方的性格与个性，才能消除误会和偏见，进而才会相互信任和理解，达到消除隔阂的目的。

另外，不能从对方的言语表面或者对方的表情、态度、动作等非语言的部分妄加推测。这一点非常重要。因为有些人不善于表达情感，属于情感内藏型。通过多接触、多沟通、多交流，很可能会发现自己对其有诸多误解，彼此的关系也很可能因而好转。

总之，最重要的是自己要主动与别人多接触、多沟通。让对方有一个好心情是建立良好人际关系的最大秘诀。

第三，改变着眼点能发现别人的优点和长处。有很多人在心里认为"好极了""真棒""真漂亮"，但不善于说出口，也许是认为"即使不说，他也能领会吧"。但在现实生活中，如果不说别人就不知道的事情有很多。无论你在心里怎么想，只要没用言语表达出来，自己的心情就永远也不会传达给对方。

因为并不是阿谀奉承的话，而是发自内心地要赞扬对方，所以应该真诚地说出来，让对方知道你的心情。发自内心的赞扬是思想、感情交流的基本。

第四，优点和缺点往往是相对的。也许有些人不能很好地看到别人的优点和长处，相反却总看到别人的缺点和短处。这样的人即使勉强说一些赞扬别人的话，也很可能会引起别人的不高兴。如果你也有这种倾向，那你一定要试着改变自己的视点。

在这里我们要提示一点，优点和缺点往往是相对的。比如，过于神经质而斤斤计较的人，换一种角度也可以说是能够注意到细小的地方而比较细心的人；马马虎虎、粗心大意的人，换一种角度也可以说是不拘小节而心胸宽广的人。优点和缺点往往是相对的，随着着眼点的不同，缺点可以变成优点。

一开始就与自己情投意合的人，在与对方的交往中自然会看到对方的优点。可是，自己觉得有些不好应付的人，就容易看到他的缺点。这都是受了自己看法和观点的影响。如果能冷静地看别人，认为是缺点的地方也可以看成是优点。总之，最重要的是要试着改变自己的视点和着眼点。

第五章

NAXIE BUNENG HUSHI DE SHEJIAO JIQIAO

那些不能忽视的社交技巧

人再深居简出也难免与人交往。

——艾·迪斯雷利

人际交往中的正面效应

第一，善于利用新环境。当你刚开始接触新的同事和朋友时，对方会对你的言行产生关注，由于对方对你不够了解，因而会倾向于通过你有限的表现，推断你的为人。这是你去旧迎新的大好时机，你可以在新环境下把自己重塑成理想中的自己，既完善了自我，又会得到一个很好的人际基础。所以当你决定摆脱昨日失意的时候，换一个新环境重新开始，也是不错的选择。

第二，重视感情的交流。人是感情动物，没有感情的互动，人们之间的关系只能停留在表面层次上。爱人者，人恒爱之，在与他人共事或者交往的过程中，在对方需要的时候给予适当关心与帮助，会让人感觉到被关怀的温暖，长此下去，就会在身边形成一个温馨融洽的气氛，这不仅会使工作进行得流畅顺利，而且也会使自己的生活充满阳光。

第三，发挥合作的力量。现代社会中，分工愈来愈细，一个人可能擅长某方面的工作，但还有很多工作是要靠合作才能完成的。自然界中有一种共生关系，两个不同种族的生物紧紧靠在一起，各自发挥自己的优势，弥补对方的缺陷，使得它们生存下去的可能性大大提高。在人们的生活工作中也是如此，既要学会应用别人的优势来克己之短，又要不吝惜用自己的优势和长处去帮助别人，这是获得别人帮助和支持，最终达到双赢的前提。

第四，化嫉妒为激励。培根说："人可以允许一个陌生人的发迹，却绝对不能原谅一个身边人的上升。"这句话对人性的弱点可谓一针见血。当成功突然降落到自己身边那些看上去和自己并无区别的人身上的时候，人们往往在羡慕的同时更多地感到嫉妒。这是人之常情，但我们也不要被这种不理智的念头控制，从而做出有损他人利益和自身声誉的事情。这时候，我们应当反省一下自己的不足和失误，利用嫉妒带来的不肯服输的激情，发奋努力，幸运会更快地降临到我们的头上。

第五，适当沉默倾听。在交往中巧于辞令会给人带来感观上的愉悦，但雄辩滔滔也不总是能让他人接受你的观点，在彼此交流中，做一个优秀的倾听者往往会取得用强辩达不到的效果，给别人一个表达自己观点的机会，不仅可以缓解对方的抵触心理，还能体现出你的从容、冷静和自信。尤其当我们遇到言语并不一定能完全表达清楚的微妙之处时，我们更应当学会从语言的喧哗里净化出来，进入沉默的智慧之中，倾听上帝用无声的语言来告诉我们的真相。

第六，合理处理矛盾。人们之间的交往免不了要产生分歧和争执，如果不能及时解决，就会给接下来的工作和生活埋下隐患，因此，快速恰当地处理这些突发事件正是我们能力的体现。这就需要我们正视问题，用真诚和善意来和对方进行交流，理智冷静地向对方分析解释，让真理越辩越明，让思想越辩越深刻，小的问题可以适当宽容对方的偏执，但在大的原则上一定要立场分明、坚定不移。深刻而理智的辩论，并不会损害彼此的感情，反而能撞击出思想的火花和智慧的灵光，在辩论中双方都将得到成长。

人情在人际交往中的分量

在如今的社会，人际交往之中的人情味，已随着时代的浪潮和激烈的竞争而日益淡漠，取而代之的，是一片相互利用、用过即扔式的世态炎凉的荒漠。这也不免偏离了人际交往的实质意义。因此，加强人际交往中的人情味，就显得尤为重要。

第一，感情的先期投入不可或缺，即所谓的朋友来了有好酒。彼此情感的交流与互动是人际交往的灵魂与核心，正是因为感情起着调节人际交往的稳定性和亲密程度的作用，是人际交往行为最重要的动力和基础。人与人之间的交往应当本着感情之上的原则，奉行真诚相待、互助为本的真谛，在互动之中加深交往双方对彼此的吸引和喜爱，使心与心的距离缩小，心灵得到沟通，灵魂得以净化，可谓人际交往的至高境界。

第二，自主在手，成竹在胸。对待朋友的求助，分寸要把握好，人际交往本身是一种双方相互作用、相互影响，甚至互惠互利的过程。作为交往的主体，双方具有平等的地位和尊严，可提出具体的合理的要求，但也不能无视另一方的意愿和目标，忽略对方的人格和信仰，借着自认为良好的感情基础而一味向他人索取。无视对方的屈从和不满，势必引起交往的裂痕，违背人际交往的情感交流原则，则可谓得不偿失。

第三，严厉杜绝流行于当前的一次性人情，引领真正的"人情"向可持续方向发展。长远看来，最深厚、最真挚的感情，不是建立在这种眼前利益的动因之上，而是要经历一个长期的发展历程渐入佳境，这样建立起来的友情才最关键、最可靠。

如何推销自我

首先，扬长避短。当你去企业面试，向招聘人员介绍自己的时候，除非你擅长的专业非常适合这个工作，否则可以不必过分强调自己的专长，而先对自己的情况做一个大概介绍；如果发现招聘人员感兴趣的方面与你的专长有关，面对招聘人员表达自己的观点看法时，应适当有所保留，关键之处可避实就虚，概括应答，给对方遐想的空间，因为不同的人有不同的喜好，万一你的观念不合对方胃口，你就彻底失败了。虚实相间的应对，夹伴一点"投其所好"，既能游刃有余，又可展现你的魅力。

其次，展示个性——珍重你的人格。没有一位在事业上有所作为却没有个性的人，而且有个性的人才容易得到别人的尊重。在择业应聘中，招聘者喜欢有个性专长的人，在朋友交往中，人们也往往看重有个性的人，有个性才能给人留下深刻的印象。迎合与顺从，往往给人听话而无创见的印象。

最后，锲而不舍——显示你的韧性。从某种意义上讲，推销自我是一场心理战。人们的一面之交、短时间的交谈，很难深入地了解一个人，难以认清一个人的全貌。这样，在有些情况下，谁有耐心，谁有韧劲，谁不放弃最后百分之一的努力，谁就能获得理想的职位，取得值得交往的朋友的友谊。在没能展现自己真正的才能的时候，更需要这种锲而不舍的精神。有耐心和韧性的人，机会就不容易从他的身边溜掉。

深刻的印象由你来创造

给人留下深刻印象，不是一件轻而易举的事。那些在你头脑里印有深刻印象的人，总是有一些特别的过人之处。明白下面几点相信会有助于你给人留下深刻印象。

第一，要有好的亮相。我们往往在几秒钟内完成对人的判断，如果能恰当运用一些品质如外表、精力、口才、音调、音色、激情、姿态和眼神等吸引他人的注意力，你便会很快给人留下深刻印象。

第二，用眼神交流。要学会看着别人说话，以一种轻松的可以让别人接受的方式，舒服、随意地转移目光，面带微笑，会给人一种温暖舒适的感觉，有助于留下良好的印象。

第三，要做你自己。不要因为从一个场合到另一个场合而改变自己的性格，要保持一致的声调、姿态和言辞。

第四，先听后说，表态明朗。无论何时何地，都不要马上抛出你的观点，冷静观察一下局势，试着去感觉别人的状态，以便能更好地与之交流；表明态度要果断明确，要有把握，但也要做到小心、谨慎和深思熟虑。

第五，要有舒展的姿态。不要一出场就把自己搞得过于严肃、紧张，那样会给人一种不舒服的感觉。只有你表现得舒适了，才会让别人也感到轻松舒适。尽力把自己的最佳状态展现出来。

切勿进入"看人"的心理误区

人际交往的影响因素，除了个人对"人情"的把握以外，看人不准，或过于片面偏激往往会带来一些麻烦，对正常的人际交往造成纷扰。一般来说，"看人"的心理误区可分为以下几点。

第一，重视第一印象的心理误区。第一印象，也称优先效应，是指人们在和交际对象最先接触中给自己留下的印象或影响。这会直接导致两种截然不同的后果：第一印象好，产生的即为正向优先效应，以后的一切便自然而然地会被认为朝一个良性的方向发展；反之，优先效应差，即给人一个不好的第一印象，则会产生负向优先效应，从而引向一种厌恶、轻视的情绪，认为以后的样样都差，对其百般挑剔，样样看不顺眼。我们要切忌走入这种貌似已经被大多数人所接受的心理误区，而导致对事物本质的视而不见，只关注表面现象乃至这种主观上不乏武断的以偏概全。

第二，近因效应的心理误区。最近接触的事情往往会给自己留下较深印象，从而影响以前对对方的整个看法。这种心理误区也存在正向和负向影响。举个例子，某一员工，在岗位上一向表现积极、工作卖力，但由于最近旷工一天，由此在领导心目中的印象就大打折扣。

第三，所谓的晕轮效应。即由一点而推论出整个人或整件事情的整体。这是典型的以偏概全。由于一个特征的凸显而掩盖了其他特征。比方说一个人勤俭，就往往被看作正直的人。这其实是缺乏科学根据的。

第四，定型观念的心理误区。拿学校里的学生打个比方，就是一旦哪个学生以前不老实学习、调皮捣蛋，被公认为心术不正、前途无望，可又偏偏此生发愤图强立志改变缺点，而当老师的却不以为然，还是认定此学生无可救药，便属于这种情况。

酒桌小窍门

酒向来被认作社交的必备饮品，所谓"无酒不成席"。但这对于善饮和不善饮者确实是大不相同，前者是享乐，而到后者却转变为受罪。不同酒量的人要因人而异地掌握一些酒桌技巧以备不时之需。一方面有助于达到交际的目的，另一方面又可避免一些不必要的尴尬。

窍门一，采用欲抑先扬的战术，以子之矛攻子之盾。对于那些为了劝酒而不吝给你戴高帽、恭维你够哥们够朋友的人，你可以用此话反驳："喝了这酒就是要我的命，如果你也够朋友的话，就不要勉强我。"这样就抓住了劝酒者的心理：喝不喝口头上都必须承认是朋友，讲义气。以此反击，用所谓朋友的情面当挡箭牌，相信会取得预期效果。

窍门二，装傻卖呆。如果实在遇到不好推托的情况，你可用豪迈的口气宣称："我确实不会喝酒，但今天兄弟情谊令我非喝不可。那就舍命陪君子，喝醉也心甘。"一口干掉以后便装作烂醉如泥不省人事，也可倒头大睡以此躲过无休止的撕拉喊扯。

窍门三，三十六计走为上。无论何时这都不失为一个好的脱身方式。如果预见酒桌的尴尬，可以事先与人商量好，在关键时刻出现，通知你有紧急情况需你去处理，你便可乘机做欲走还留状："各位实在对不起了，我去去马上就来，你们先喝。"然后逃离这个是非之地，待到估计时候差不多了，再折回去，跟大家道个歉，到了这时候相信也没人跟你较真。或者通过找其他的借口，让人觉得你有必要离开，给自己以脱身之机。

面试小锦囊

在这个日新月异的社会中，人们不时变换工作可谓是司空见惯的事情，因而如何在面试时，给主考官留下一个深刻的印象，取得一个不错的成绩显得尤为重要，当然，这主要依赖于你的整体素质和能力，但把握一些技巧，将会给你的面试成功增加筹码。众所周知，求职面试的技巧主要就在于面试时如何在有限的时间内展示自己的知识、智慧、能力、气质、人生态度和价值观念等。

面试时，你所要面对的是主考官，对主考官的问题回答令其对你留有好的印象是你成功的关键，因而，面试技巧也就在于对问题的回答之中。下面就是几点可以帮助你的小小建议。

首先，对自我介绍要事先准备，防止到时颠三倒四，语无伦次。叙述时要抓住重点，并适当注重细节，应结合应聘的背景、所受教育和工作经验等内容。而且要突出你的特长，最好能用事实来印证，切忌堆砌罗列，繁冗拖沓，容易给人留下不可靠的坏印象。其次，在展示自己优点的同时也要诚恳地谈 1~2 点你认为和你应聘的工作关系不是很大的不足，毕竟人无完人嘛，这样不仅不会让人对你不信任，更容易留下一个诚恳的好印象。切记不要把自己的优点当成缺点说或没有缺点，让人觉得自大或不诚实。

最后，应适当谈一谈离开原职位的前因后果。例如，"我认为那份工作不能充分施展我的才能"或"找个人际关系融洽的环境更能发挥我的能力"等可以让人接受的解释，但不能为了得到这份工作，把原职位说得一无是处。根本的是提高自己的实力，当然，多了解一下招聘公司的情况和招聘情况，做到有备而来，坦然处之更会使你的回答有所侧重。做足这份作业也将会给你带来不小的惊喜。

向对方展示你的尊重

众所周知，力是相互的，同时尊重也是相互的。从小无论是父母还是老师都叮嘱我们，要想获得别人的尊重，首先就要尊重别人。现代社会处在一个生活节奏空前加快的时代，人们的生活、工作、学习在讲究质量的同时，越来越追求一种效率。因而，人们的言行更直接、更简洁了。与此同时，人们在交往中希望得到尊重、得到重视的渴望随着自尊的维护变得更加强烈了。如何在现实交往中用得体的言行让周围的人感受到你的礼貌和尊重，成为很多人迷惘和困惑的问题，下面，我们就从几个具体情节入手展开分析。

首先，从内心要有尊重他人的基本认识。现实中人确有职业、身份高低之分，但不存在人格贵贱之别。要善于根据场合的变化及时转变角色，做好每个角色应该做的，还要根据对方的年龄、身份等因素转化语气、语速、话题等，表现出对人的尊重。交往中讲究平等对待，切忌以位高压人，同时用清高的姿态自居、自傲。只有内心有这样的认识，才能从你的言谈举止上，特别是一系列的细节上有意识、无意识地将尊重他人融入其中。

其次，从外在言行礼仪中表现对他人的尊重。在与人交往的态度上，要特别注意你的举手投足，要从细节上让对方敏感的神经因你的善意而放松。例如，注意倾听、谦虚礼貌、实事求是，都属于尊重别人的表现。在交往中采取什么样的态度，完全能够体现你对别人的尊重程度。在你的外表上当然要注意和场合搭配，但首先是要穿着得体、整洁、干练。这不仅能够体现你良好的个人修养，同时也是向对方传递一种友好、善意、尊重的信号。穿着一身得体的礼服，再加上你适宜的微笑，可以想象到你在什么样的场合对方都会感觉到你带来的"扑面春风"般的友好。反之，蓬头垢面、不修边幅、轻佻之举等都是不尊重人的表现。

再次，在小细节方面展示你的尊重。守时向来是一位有修养、有素质的人必备的良好品质。如果别人准时赴约，而你却姗姗来迟，这不仅代表你对他人的不礼貌和不重视，更严重的是在浪费别人的时间，耽搁别人的事情，这实在是一种不尊重他人的表现。

最后，言语要得体。一个人的外在固然重要，可更重要的是你的言谈所表现出的你的素养，这是你的特别之处。与人交往也要特别注意言辞的把握和运用。例如别人正谈得投机你却频繁插话，对别人忌讳的问题你却打破砂锅问到底，都是不尊重他人的表现。同时还应注意什么样的场合配合什么样的言语。例如，在朋友的结婚喜宴上应谈些喜庆的话题、吉利的话题，如果你尽谈些令人扫兴的话，就是不尊重对方的表现。

合理选择社交地点

社交地点，是参加社交活动的必备要素。任何社交活动都必须有一个社交地点为载体，而社交地点又无时无刻不在影响着社交活动的成败。根据所安排的社交活动选择好一点的社交地点，这一点不容忽视。

首先，社交地点的选择最好是自己所熟悉的地方。因为人们在自己熟悉的地方与人交往比较没有拘束感，在心理上放松，容易取得优势，并可充分展示和推销自己，在社交活动中占有利地位。曾有实验表明，与同样的对象谈话，人们在自己的客厅里会比在别人的客厅里表现得更自如流畅，同样的道理更容易说服对方。反之，改变环境到自己不熟悉的地方，而那又恰恰是他人所熟悉的，便会引起心里的恐惧难安，由此便影响到社交的成败。

其次，要选择在"我可以往，彼可以来"的地方。此语出自《孙子兵法》，这种地方被称为"通形"，即四通八达的地形。要本着与人方便自己方便的原则，同时又有"我得则利，彼得亦利"的结果。

最后，选择地点要因人、因事、因时。不同的事，不同的时间，可供选择的最佳地点也不尽相同。它的选择是有条件的、辩证的、可以变化的。一般而言，选择自己熟悉的地方进行交往，是对自己有利的，但前提是二者身份的对等，选择这样的地点不至于让对方造成屈就感和压抑感，例如对方是老人、长者、女士时。从情理上讲，也不好让他们屈就自己，倒是自己灵活变通，肯于前往他们的地盘，更能体现诚意和尊重，是良好社交的开端。

小事情与大交情

人际交往的过程中，一些较大的交际原则和方法往往被人们采纳和重视。如果你留心观察，就会发现生活中一些不经意的小事情往往蕴含着丰富的魅力，可以给人以震撼、以启迪，以及眼前一亮的光明，从而获得令你一生难忘的大交情。

首先，让我们回想一下我们日常生活中的小赞美。当你赞美对方聪明、漂亮、有才华、穿着得体、能力过人时，得到的不仅是对方的欣喜，更是对自己的亲近和好感，自然而然地拉近了人际关系。

其次，小幽默同样也具有使人际关系融洽和谐的效果。幽默是具有智慧、教养和道德上优越感的表现，是为人们所公认的。在社交场合来点小幽默，是人际关系的有效润滑剂。

再次，小特长也是人与人之间相互吸引的一个重要的因素。多才多艺的人往往更容易博得大家的好感，在同样情况下更受欢迎。试想你如果具备下棋、打球、跳舞、唱歌、游泳等多方面才艺，就会在各种场合

与人们融洽地相处，应付自如。因而在平时，要更加留意你周围人的谈吐及话题，多方面提升自己的文化素养和知识结构，锻炼自己的才艺，才会在社交活动中处于积极主动的优势地位。

最后，小奉献也是至关重要的一点。搞好人际关系，适当多做一点小奉献是必不可少的，当然，前提是不损害自己利益并有利于他人。要时刻记得，"施"比"受"更加能令人身心愉悦，且由此带来的诸多好处和长远的前景是功利主义者所不能企及的。

把握交际关键带来事半功倍

交际成为现代社会中必不可少的内容和手段，生活中、工作中、学习中，任何时间、任何地点都脱离不了它的存在。交际就像是黏合剂一般把个体联合起来，最终形成了我们生活的圈子。有些人在交际中不得要领，盲目追求成功交际，可谓殚精竭虑，但效果微乎其微。因而，我们越来越认识到交际的技巧对我们的影响有多大，如果我们能抓住交际的关键，就能达到事半功倍的效果。交际无非就是人与人之间的交流、沟通、合作等，串联它们无非就是一些交往的事情，因而，要认识到，交际并不可怕，相反要是掌握了交际的几个关键点，就很容易把握它的节奏，你会在其中如鱼得水一般顺畅、自由。下面，我们就从这几个关键点入手进行分析把握。

第一，把握关键场合。每个人都有自己的交际圈子，其中必定有一些是你经常出入的场合，而且，对于这类场合而言，你的表现对你的工作和形象有着特殊的意义。因而，这一类的场合就当之无愧地成为你交际的关键场合。把握住这类场合中的重中之重就等于你找到了蛇的"七寸"，必定会让你有不菲的收获。关键的场合带给你的是重要的朋友和机会，能够在其中展示你的人格魅力，不仅让你能够崭露头角，更重要的是留给对方一个良好的印象，令其赋予你不错的评价。现实一再表明，在这类场合的良好表现对你以后的人生道路有着潜在的优势。

第二，把握关键人物。在交际圈中有些人是交际的关键人物，他们不仅主宰着交际走向，而且对每一个交际者都会施加他的影响，你的交际成败、你的交际形象，某个关键人物往往发挥着意想不到的作用。这些人物可能是德高望重的权威人士，也可能是那些交际面广的积极分子。前者一言九鼎，对你往往起着一锤定音的作用；后者交多识广，有助于广布良语。当然对待这些人物，我们不是要刻意讨好、献媚，而是要得体、充分地表现自己，以让他们对你有最确切的认定和把握。

第三，把握关键事情。在日常的人际交往中，总要经历一些对你有重大影响的、关乎你未来人生道路的大事。能否在这些事情上让你自己处理得当，给世人留下一个良好的印象，在很大程度上能够决定你的成败得失。因此，这些事应好好把握。任何人的精力和时间都是有限的，没有人有能力在每一件事情上都刻意地追求完美，那样只能让自己和对方都备受惺惺作态的苦累。人们更能记得的是在某些关键事情上你的表现如何。

总之，当他人处于危难的时候，当他人处在尴尬不堪的场合时，当他人遇到一些重要的关乎成败的事情时，都需要我们用心对待，显出自己的交际才华和能力。

善于把握交际的最佳时间

交际与时间有密不可分的血肉联系。在现代社会，人们的交往量日趋增加，对交际时间的需求也相应地增多，而每天的时间是有限的，既不能租借预支，又不能购买贮存。这不仅是因为任何交往都必须在一定时间内进行，而且因为能否恰当掌握交际时间对交往效果有着重要的影响。交际时间对交往的影响表现在是否守时。这表明你是否尊重对方，并直接影响到交往的情绪、气氛。时间对交往的重要性还表现在二者的矛盾上。现实社会加强了对交际效率的要求，下面就来探讨一下如何在日常交际中合理运用和把握这一点。

第一，周密安排，提高交往质量。做好交往前的准备，按时参加交往活动。交往时，问候寒暄是必要的，但不要过多，而应及时转入正题。还要掌握交际时间的最佳度，一定时间范围内，人们的头脑清晰，注意力集中，反应灵活，效率高。此外还要及时结束交际活动，不必为了显示热情而拼命挽留对方。

第二，运用同时与多人交际的技巧，浓缩交往活动。把交往目的、内容相同的交往对象聚在一起，容易使气氛活跃，话题广泛，有利于节省时间，提高效率。

第三，充分利用现代交往工具。在现有的条件下，打电话就能完成交际目的、达到理想效果的，就不必亲临现场，节省了往返时间。此外还可以利用传真、电脑等。即使必须出行，利用不同的交通工具也可达到节约时间的目的。

如何解除误会

每个人都是社会中平等的一分子，都有自己的情感和思想，最大的痛苦莫过于当自己的言论或思想被别人误解的时候。为误会痛失好友者有之，酿成灾难者亦有之。那么，学会在交际中解除误会就显得格外重要而实际了。

首先，对于误会不要过于认真，不等闲视之，以一颗无私的心让误会消释于无形。我们身边经常发生误会，但误会多了，或误解较严重，就容易引起各种关系发生根本转变，本来是好朋友可能关系疏远，甚至反目成仇。但不等闲视之，并不等于看得比什么都重要。对经常发生的小误会，没必要都做解释，这要靠一个人的人格力量——心底无私、乐于助人的品质去化解。

其次，要用一颗平常心坦然处理误会。有时候，你越是表白你是不幸的、无辜的，越是说得头头是道，比真理还要真理，比任何人都要真诚，对方越是认为你心虚胆怯。要选准时机，才能让对方看清你的真相。

不耿耿于怀，以一颗忍辱的心赢得高尚的友谊。对待别人的误解，不能耿耿于怀，而要以一颗忍辱负重的心，乐观旷达地接受它，将误会融化在自己忍辱负重的胸怀里，只要一如既往地付出爱心，总会使对方幡然悔悟，而且一定被你感动，你从他那里将得到真诚的友谊。

最后，不急躁鲁莽，以一颗细致的心使对方猛省。生活中，某些人喜欢转动自私的轴心，在朋友之间、上下级之间煽阴风点鬼火，制造误会，挑拨离间，达到满足私欲的目的。所以遇到误会时，千万急躁鲁莽不得，要平心静气，细心思索，及时沟通，使对方从蒙蔽之中醒来。

翻脸后如何重修旧好

冲突和摩擦在正常的人际交往中是不可避免的，一时感情冲动，往往会殃及长久苦心维持的友情，事后想来，这些情况的发生都是为我们所不愿的。如果有机会弥补，何乐而不为呢？下面简单介绍几种修复暂时的冲突而造成翻脸的方式。

1. 要谨记旧事不重提原则。当双方因一件小事而闹僵，但同时又有重归于好的愿望，最好是让过去的事都过去，刻意地去忘了这段不愉快，切不可继续追究盘查，更无须分辨谁是谁非，两人你我依旧，宽厚待人，淡忘旧事，自然而然地便得以重归于好。

2. 寻找时机，主动示意。好的时机会令你示好的意图得以充分表达，获得期望以外的效果。例如，对方生病时你代为照顾其家中小孩，或有别的困难时你不吝伸出援助之手，拉他一把，都会使对方有更为深刻的体会，在欣然接受之余更生感激和愧疚之心。

3. 对过失采取适当补救。俗话说一个巴掌拍不响，二人闹僵，双方都有责任，不能单纯地只责怪哪一方。所以想要重归于好，自我检讨是不可少的。为求得对方谅解和表达诚意，应主动积极地加以补救。但同时也要掌握好尺度，无须过分自责，以达到既能将过失化解，又能得到对方认可的效果为目标。

4. 宽容隐忍，理解对方。出现翻脸的局面可能是因对方有意为之，但也不排除无心的情况。此时，宽容和理解就显得尤为重要。以豁达的胸襟容忍对方过失，理解其行为，是良好心态和优秀心理素质的体现，关键时刻迈出积极主动的一步，在恰当的时机也足以彰显出你独特的人格魅力。

面对不必要的邀请如何应答

社会日益开放，人们的交际也愈加广泛，但个人的精力和时间是有限的，如果不懂得如何拒绝那些自己不想参加的对自己没有意义的"盛情"邀请，那你的时间表里将没有自我空间，完全没有喘息的机会。一方面要拒绝，一方面又不失和气，这实在是需要技巧处理的两难境地，自然涉及拒绝的谈话技巧的使用了。

方法一，缓兵之计，模糊应答。某单位一同志利用儿子过生日的机会请陈局长光临寒舍，但陈局长不想赴宴，可又不好明辞，便说："这段日子说不定哪天上级就来检查工作，这样吧，到时候如果没什么要紧事，我就过去聚一下。"言外之意，有事就去不了啦。模糊应答的妙用在于既不使对方太难堪或太失望，给人以拒之门外的感觉，又给自己创造了"缓冲地带"，留有回旋余地。

方法二，设置前提，争取主动。例如给对方设置一个前提，诸如一小时之内，吃完饭就返回等，争取自己限时脱身的主动权。有时盛情邀你的是很熟的朋友，断然拒绝显得不够朋友，模糊应答又有狡诈、隔膜之嫌，就不如快人快语，先给对方设置一个前提。

方法三，创造条件，走为上策。例如以方便为名，到服务台拨个家里电话，叫妻子马上拨此电话说家中有急事，从而名正言顺地溜之大吉。对那些不期而至而使你进退两难的无聊邀请，不妨创造条件，找个借口，走为上策。

方法四，剖析事理，坦陈心迹。质检员小王的好友帮包工头约小王吃饭，小王对其友就可晓之以理："出了事对你我都不好。"

学会感谢他人的帮助

每个人都不是生活在大海上的孤岛中或是生活在沙漠中，因而，我们在日常生活或工作中都有可能遇到各种各样的困难、麻烦，这时就需要他人的帮助。在得到帮助之后，需要表示感谢。这种场合就需要合适得体的感谢方式。一种与现代社会交往方式相适应的感谢方式能够提高你在朋友中的信誉和在同事中的威信，因此感谢也需要考虑各方面的因素以提高它的效用。

首先，表示感谢要及时而主动，以显示真诚。及时主动说明你非常重视他人的帮助，也说明你是一个性格直爽、懂得人情的人，有利于加深彼此的感情。及时就是在对方做出某种行为或事情有了结果以后，马上表示感谢，而不能一拖再拖。主动是指要找上门去，不要在对方上你家或在路上偶然遇见时，才忽然想起要感谢一下。

其次，表示感谢要区分对象，选择途径和方法。例如有的人，你送些钱表示感谢，对方很高兴，然而有的人认为这是对他的侮辱。是用物质的、精神的，还是具体事情的帮助，最好区别对待，投其所需。最好根据帮助者的身份、职业、性格、经济状况和文化程度等具体情况来选择最恰当的形式。

再次，要诚实守信，许下的诺言不打半点折扣。不管对方付出的劳动如何，不管对方出于何种动机，对方是否谦让，都应不折不扣地兑现。只有这样，才能取信于人。求助于他人时许下的诺言，事成一定要兑现。

最后，要认识到表示感谢是一种感情行为，不能一次性处理的行为。帮助与感谢是一种感情的交流行为，它不同于一般的贸易活动。对方帮助你的行为本身就是一种情的表现，对情的回报，除了物质上的，还应有感情上的。这对建立密切的人际关系有莫大的好处。

第六章

塑造一个更受欢迎的形象

沉默较之言不由衷的话更有益于社交。

——蒙田

塑造个人形象的基本要求

科学研究的结果表明：个人感受到的对方仪表的魅力同希望再次与之见面的相关系数远远高于个性、兴趣等同等的相关系数。在商务活动中，人的外表形象往往会起着潜移默化的微妙作用。仪表美是心灵美的体现，仪表美是对生活的热爱，是对社会和他人的尊重。端庄、美好、整洁的仪表，能使对方产生好感，从而有益于商业活动的开展。所以注重仪表，努力塑造出自己最佳的形象是商务人员必须认真做到的。塑造良好的个人形象应做到以下几点。

第一，干净、整洁、卫生。要求仪表仪容干净、整洁，就是要努力做到无异味、无异物，坚持不懈地做仪表仪容细节的修饰工作。干净、整洁是个人礼仪的最基本要求。这里包括面容、脖颈与耳朵、服饰等方面的整洁。面容看上去应当润泽光洁。耳朵脖子应当干干净净。不要小看面容洁净，面部是一个人最突出的代表部分。面容是否洁净，皮肤是否保养得当，看上去是有生气、有光泽，还是灰暗、死气沉沉，都直接关系到他人对你的印象。一个有教养的人，绝不会是那种经常不修边幅、蓬头垢面的人。

第二，简约。要求仪表仪容简约，就是要求在整理、修饰仪表仪容时，要力戒雕琢，不搞烦琐；力求简练、明快、方便、朴素、实用。

修剪头发时，对于男性来讲应当求短忌长；对于女性来讲，则不提倡留披肩发，偏爱披肩发者，在工作岗位上有必要将它暂时盘束起来。

修剪指甲，总的要求是忌长，并且要求经常修剪。

第三，端庄大方。要求端庄大方，就是要求端正、庄重、斯文、雅气，而不花哨、轻浮、怪异、小气。通常情况下，不应把头发染成其他颜色，不应在手指甲上涂抹彩色指甲油。

切记"修饰避人"的原则。在对自己的仪表仪容修饰、整理时，务必要自觉回避他人，以示对己对人的尊重。女士需补妆时，应避开他人或到洗手间内进行。

男士不化妆，以修面、理头为主，但也可少量用护肤霜、香水等；女士要以淡妆为主，达到容貌端庄自然、健康的效果。

根据装束、自身特点、场合需要，选择佩戴饰品。佩戴饰品时应符合佩戴要求，以点缀为主。

眼神的作用

表情是人的思想感情和内在情绪的外露。脸部则是人体中最能传情达意的部位，可以表现出喜、怒、哀、乐、忧、思等各种复杂的思想感情。在交际活动中表情备受人们的注意。在人的千变万化的表情中，眼神和微笑最具礼仪功能和表现力。

眼睛是心灵之窗，它能如实地反映出人的喜怒哀乐。有的人在与陌生人交往时，不知怎样安置目光，不敢对视或死盯住对方，这都是不礼貌的。良好的交际目光应是坦然、亲切、和蔼有神的。做到这一点的要领是放松精神，把自己的目光放虚一些，不要聚焦在对方脸上的某个部位，而是好像在用自己的目光笼罩着对面的整个人。

目光是富有表现力的一种"体态语"，适当的运用能给交往带来好的作用，否则会带来不必要的误解。不同国家地区的民族习俗不同，人们的眼神运用也各有特点。如阿拉伯人认为，对谈话人凝眸而视是礼貌的，与人对话而目光旁落是侮辱人的行为。而在非洲的尼日利亚，久久直视对方意味着对其不尊重。瑞典人交谈时，则喜欢你看着我，我看着你。

与人交谈过程中，注视对方的时间长短很重要。一般地，若对对方表示友好，则注视对方的时间应占全部相处时间的 1/3 左右；对对方注视的时间若占全部相处时间的 2/3 左右，是对对方表示关注之意；若注视对方的时间不到相处全部时间的 1/3，往往意味着对其瞧不起，或没有兴趣；如果注视对方的时间超过了全部相处时间的 2/3，则不是表示对对方本人发生了兴趣，就是表示对对方的敌意，或是为了寻衅滋事。

眼神能很好地表达出对他人的尊重与否，一般地，仰视表示尊重、敬畏之意，适用于面对尊长；俯视通常用于身居高处之时，既可表示对晚辈的宽容、怜爱，也可表示对他人的轻慢、歧视；而平视适用于在普通场合与身份、地位平等之人进行交往。因此，与人交往时尽量不要站在高处自上而下地俯视于人；面对长辈、上司和贵宾时，站立或就座应选择较低之处，自下而上地仰视对方，往往会赢得对方的好感。当对方缄默不语时，就不要看着对方，以免加剧因无话题本来就显得冷漠、不安的尴尬局面。当对方说错了话或显得拘谨时，不要马上转移自己的视线，否则，他会误认为是对他的讽刺和嘲笑。

在正式场合，尤其是面对不太熟悉的人时，有的眼神容易引起误会或麻烦，所以要特别注意。不要盯住对方的某一部分"用力"地看，这是愤怒的最直接表示，有时也暗含挑衅之意。

眼神交流的技巧

和朋友接触或被介绍认识的过程中，可以用凝视对方稍久些的方式来表示自己的自信，也能给对方留下一个深刻的印象。

当对方赠给你名片时，你接过后，一定要当着对方的面，认真看一会儿，这样做，对方会认为你是很尊重他的。

交谈的过程中，应注视对方的眼睛或面部，以示尊重；但当双方缄默无语时，就不要再看着对方。否则，将使对方更显尴尬。当别人说了错话或做了很不自然的动作时，盯着他的脸，或看一眼后马上转移视线，都会使人产生你在用眼光讽刺嘲笑他的感觉。和别人碰面时，可以以把眼光移开的方式解决自己不自在的感觉，这么做可以减轻你所感受到的压力，不过，也表示顺服，或承认自己地位较低。

送客时，要等客人转过身走出一段路，不再回头张望你时，才能转移目送客人的视线，否则，客人会认为你只是由于应付而感到冷漠。

微笑的魅力

五官中，嘴的表现力仅次于眼睛。笑，主要是由嘴部来完成的。嘴部是一个人全部表情中比较显露的突出的部位，它是生动、多变的感情表达语。笑，是眼、眉、嘴和颜面的动作集合，它能够有效地表达人的内心感情。在人的各种笑颜中，微笑是最常见、用途最广、损失最小而效益最大的。

微笑的基本做法：不发声、不露齿、肌肉放松，嘴角两端向上略微提起，面含笑意，亲切自然，使人如沐春风。微笑是发自内心的自然坦诚的感情的流露，切不可故作笑颜假意奉承。作为一种特殊的"情绪语言"，微笑要求做到四个结合。

口和眼的结合。在微笑中，眼睛有传神送情的特殊功能，又是心灵的窗户，因此，口到、眼到、神色到，笑眼传情，微笑才能扣人心弦。

笑和神、情、气质的结合。"神"，就是笑得有情入神，笑出自己的神情、神色、神态，做到情绪饱满，神采奕奕。"情"，就是要笑出感情，笑得亲切、甜美，反映美好的心灵。"气质"，就是要体现出谦虚、稳重、大方和得体的良好气质。

笑和语言的结合。语言和微笑都是传播信息的重要符号，只有做到二者的有机结合，声情并茂，相得益彰，微笑才能发挥出它的特殊功能。

笑和仪表、举止的结合。端庄的仪表、适度的举止，是每个从业人员的基本要求。

以姿助笑，以笑促姿，就能形成完整的、统一的、和谐的美。

手势礼仪

仪态是指人在行为中的姿势和风度。姿势是指身体所呈现的样子；风度则是内在气质的外化。一个人的一举一动、一笑一颦、站立的姿势、走路的步态、说话的声音、对人的态度、面部表情等都能反映出仪态美不美。而这种美又恰恰是一个人的内在品质、知识能力、修养等方面的真实外露。对于仪态行为礼仪，要求做到：自然、文明、稳重、美观、大方、优雅、敬人。

手姿，又叫手势。由于手是人体最灵活的一个部分，所以手姿是体语中最丰富、最具有表现力的传播媒介，做得得体适度，会在交际中起到锦上添花的作用。适当地运用手势，可以增强感情的表达。古罗马政治家西塞罗曾说："一切心理活动都伴有指手画脚等动作。手势恰如人体的一种语言，这种语言甚至连野蛮人都能理解。"作为仪态的重要组成部分，手势应该正确地使用。

　　谈话时，手势不宜过多，动作不宜过大，更不能手舞足蹈。传达信息时，手应保持静态，给人稳重之感。

　　拍拍打打、推推搡搡、抚摸对方或勾肩搭背、依偎在别人的身体上等行为，会让别人反感，也是不符合礼仪的行为。

　　不能用食指指点别人，更不要拇指指自己。一般认为：掌心向上的手势有一种诚恳、尊重他人的含义；掌心向下的手势意味着不够坦率、缺乏诚意等；攥紧拳头暗示进攻和自卫，也表示愤怒；伸出手指来指点，是要引起他人的注意，含有教训人的意味。因此，在引路、指示方向等时，应注意手指自然并拢，掌心向上，以肘关节为支点，指示目标，切忌伸出食指来指点。在谈话中说到自己时，可以把手掌放在胸口上；说到别人时，一般应掌心向上、手指并拢伸展开进行表示。

　　接物时，两臂适当内合，自然将手伸出，两手持物，五指并拢，将东西拿稳，同时点头致意或道声谢谢。递物时，双手拿物品在胸前递出，并使物体的正面对着接物的一方，递笔、刀剪之类尖利的物品时需将尖头朝向自己，握在手中，而不要指向对方，不可单手递物。

站姿礼仪

　　站立是人们生活交往中的一种最基本的仪态。"站如松"是说人的站立姿势要像松树一样端直挺拔。正确健美的站姿会给人以挺拔笔直、舒展大方、精力充沛、积极向上的印象。

站姿的基本要领：两脚跟相靠，脚尖分开45度到60度，身体重心放在两脚上。两脚并拢立直，腰背挺直，挺胸收腹。抬头脖颈挺直，双目向前平视，嘴唇微闭，面带微笑，微收下颌。站立时要注意：端正直立，不要无精打采、耸肩勾背、东倒西歪，不要倚靠在墙上或椅子上，在正式场合，不要将手插在裤带里或交叉在胸前。不抖腿，不摇晃身体，不东歪西靠，不要挺肚子，以免形体不雅观。由于性别方面的差异，男女的基本站姿又各有一些不尽相同的要求。对男子的要求是稳健，对女子的要求则是优美。

站姿可以随着场合进行调整。同别人交谈时，如果空着手，可双手在体后交叉，右手放在左手上。若身上背着背包，可利用背包摆出优雅的站姿。向长辈、朋友、同事问候或做介绍时，无论握手或鞠躬，双足都应当并立，相距10厘米左右，膝盖要挺直。等车或等人时，两足的位置可一前一后，保持45度角，肌肉放松而自然，并保持身体的挺直。如果站立时间过久，可以将左脚或右脚交替后撤一步，将身体重心置于另一只脚上。但是上身仍需直挺，脚不可伸得太远，双腿不可叉开过大，女性尤其应当谨记，变换也不可过于频繁。双腿交叉，即别腿，也不美观。总之，站的姿势应该是自然、轻松、优美的，不论站立时摆何种姿势，只有脚的姿势及角度和手的位置在变，而身体一定要保持绝对的挺直。

在需要下蹲的时候，女士下蹲不要翘臀，上身直，略低头，双腿靠紧，曲膝下蹲，起身时应保持原样，特别是穿短裙下蹲时更不要翘臀。

对男士没有像对女士那样严格的要求，但也应注意动作的优雅。

坐姿礼仪

对坐姿的要求是"坐如钟"，即坐相要像钟那样端正稳重。端庄优美的坐姿，会给人以文雅稳重、自然大方的美感。

坐姿的基本要领：入座时走到座位前，转身后把右脚向后撤半步，轻稳坐下，然后把右脚与左脚并齐，坐在椅上，上体自然挺直，头正，表情自然亲切，目光柔和平视，嘴微闭，两肩平正放松，两臂自然弯曲放在膝上，也可以放在椅子或沙发扶手上，掌心向下，两腿自然弯曲，两脚平落地面，起立时右脚先向后收半步然后站起。

一般来说，在正式社交场合，要求男性两腿之间可有一拳的距离，女性两腿并拢无空隙。两腿自然弯曲，两脚平落地面，不宜前伸。在日常交往场合，男性可以跷腿，但不可跷得过高或抖动，女性大腿并拢，小腿交叉，但不宜向前伸直。

就座时，亦能体现出落座者有无修养。若是走向他人对面的座椅落座，可以用后退法接近属于自己的座椅，尽量不要背对自己将要与之交谈的人。为使坐姿更加正确优美，应当注意：入座要轻柔和缓，起立要端庄稳重，不可弄得座椅乱响，就座时不可以扭扭歪歪，两腿过于叉开，不可以高跷起二郎腿，若跷腿时悬空的脚尖应向下，切忌脚尖朝天。坐下后不要随意挪动椅子、腿脚不停地抖动。女士着裙装入座时，应用手将裙装稍稍拢一下，不要坐下后再站起来整理衣服。正式场合与人会面交谈时，身子要适当前倾，10分钟左右不可松懈，不可以一开始就全身靠在椅背上，显得体态松弛。就座时，不可坐满椅子，但也不要为了表示过分谦虚，故意坐在边沿上。坐势的深浅应根据腿的长短和椅子的高矮来决定，一般不应坐满椅面的三分之二以上。当然去拜访长辈、上司、贵宾时，自然不宜在落座后坐满座位。

若是只坐座位的二分之一，那么对对方的敬意无形中溢于言表。这是利用坐姿来表示对他人的敬意的重要做法。坐沙发时，因座位较低，亦要注意两只脚摆放的姿势，双脚侧放或稍加叠放较为合适。避免一直前伸，要控制住自己的身体，否则身体下滑形成斜身埋在沙发里，显得懒散。更不宜把头仰到沙发背后去，把小腹挺起来。这种坐相显得很放肆，又极不雅观。坐在椅子上同左方或右方客人谈话时不要只扭头，这时尽量侧坐，上体与腿同时协调地转向客人一侧。

座位高低不同时，坐姿也有不同要求。

低座位：轻轻坐下，臀部后面距座椅背约2厘米，背部靠座椅靠背。如果穿的是高跟鞋，坐在低座位上，膝盖会高出腰部，应当并拢两腿，使膝盖平行靠紧，然后将膝盖偏向对话者，偏的角度应根据座位高低来定，但以大腿和上半身构成直角为标准。

较高的座位：上身仍然要正直，可以跷大腿。其方法是将左腿微向右倾，右大腿放在左大腿上，脚尖朝向地面，切忌右脚尖朝天。

座位不高也不低：两脚尽量向后左方，让大腿和你的上半身成90

度以上角度，两膝并拢，再把右脚从左脚外侧伸出，使两脚外侧相靠，这样不但优雅，而且显得文静而优美。

无论采取哪种坐姿，上身都要保持端正。

端坐时应注意，双手不宜插进两腿间或两腿下，而4字形的叠腿方式，以及用手把叠起的腿扣住的方式，则是绝对禁止的。有失优雅风度的坐姿，如把脚藏在座椅下，甚至用脚勾着座椅的腿，这都是非礼的举动，均属避免之列。

行走礼仪

对走姿的要求是"行如风"，即走起路来像风一样轻盈。当然，不同情况对行走的要求是不同的。一般来说，标准的行走姿势，要以端正的站立姿势为基础。

基本要领：双目向前平视，面带微笑收下颌。上身挺直，头正、挺胸收腹，重心稍前倾。手臂伸直放松，手指自然弯曲，摆动时要以肩关节为轴，上臂带动前臂向前，手臂要摆直线，肘关节略屈，前臂不要向上甩动，向后摆动时，手臂外开不超过30度。前后摆动的幅度为30～40厘米。

走路时姿势美不美，是由步度和步位决定的。步度是指行走时两腿之间的距离。步度一般标准是一脚踩出落地后，脚跟离未踩出一脚脚尖的距离恰好等于自己的脚长。身高超过 1.75 米的人的步度约是一脚半长。步位是指你的脚下落到地上时的位置。走路时最好的步位是两只脚所踩的是一条直线而不是两条平行线。

走路用腰力，要有韵律感。如果走路时腰部松懈，就会有吃重的感觉，不美观；如果拖着脚走路，更显得没有朝气，十分难看。优雅的步姿有几句口诀："以胸领动肩轴摆，提髋提膝小步迈，跟落掌接趾推送，双眼平视背放松。"走路的美感产生于下肢的频繁运动与上体稳定之间所形成的对比和谐，以及身体的平衡对称。要做到出步和落地时脚尖都正对前方，抬头挺胸，迈步向前。

走路时应注意，最忌内八字和外八字；不要弯腰驼背、歪肩晃膀；不要步子太大或太碎；走路时不要大甩手，扭腰摆臀，左顾右盼；上楼不宜低头翘臀，下楼不宜连蹦带跳；不要双腿过于弯曲，走路不成直线；不要脚蹭地面；不要双手插裤兜；多人一起行走不要排成横队；有急事要超过前面的行人，不得跑步，可以大步超过并转向被超越者致意道歉。

行为举止得当

举止行为体现一个人的修养，现代人应做到行为文明、举止得当。交谈和出席任何场合都要符合一定的标准，注意一些细节，才能给别人留下好的印象。长期以来人们在举止方面有约定俗成的规则，基本要求是人们的言行举止在不同场合要使用得当。在与人来往时，除了需要避免不文明举止外，与人交谈时还应该注意交谈时双方的距离。距离过近或过远都会有失礼貌。距离过远，会使交谈者误认为不愿与之接近，有拒人千里之外的感觉；距离过近，稍有不慎就会把唾沫溅到别人脸上，或者口中或身上的异味会被别人闻到，令人生厌。如果对方是异性，对距离的保持不适当，还会使之戒备或者被他人误会，特别是未婚男性与未婚女性之间，如果男性有烟史或口臭等口腔之疾，更要注意自己的形象，不要忘乎所以地谈论，要考虑别人的感受。那么，与人交谈时到底保持怎样的距离才算合适呢？一般礼貌距离是：0~45厘米为亲密距离，45~120厘米为熟人距离，120~300厘米为社交距离；360~800厘米为公众距离。礼貌举止有点头、举手、起立、鼓掌、拥抱。具体要求有以下几点。

第一是点头。这是一种最常见的礼貌举止，经常用于与熟人打招呼。

用点头来打招呼时，点头者应用眼看着对方，面部略带微笑，等对方有表示时再转向他方。点头打招呼也可以在较大的迎送场合使用，当迎送者较多或距离较远时可以用点头表示敬意，也可以点头和握手配合使用。

第二是举手。这是一种与对方较远或交臂而过时间仓促时的打招呼方式，也是一种常见的礼貌行为举止。由于条件所限，打招呼是最合适的，用这种随机的礼貌举止可以消除对方的误会，并感到与正常招呼差不多的满意。这种方式不但可以表示认出对方，而且还可以在短距离内表达你的敬意。

第三是起立。这是一种在较正式场合使用的、位卑者向位尊者表示敬意的礼貌举止。常用于集会时对报告人到场或重要来宾莅临时致敬。

第四是鼓掌。这是在社交场合表达赞许或向别人祝贺等感情的礼貌举止。正式的社交场合，重要人物出现、精彩演讲或表演结束皆可鼓掌。

第五是拥抱。这是传达亲密感情的礼貌举止。在国外，特别是欧美国家应用广泛。我国通常用于外交活动中的迎来送往场合，偶尔也用于久别重逢、误解消除等难以用语言来表达强烈感情的特殊场合。

不礼貌的举止有以下几种，会影响你的气质，一定要避免。

第一是抖动腿脚。抖动腿脚能消除紧张情绪，也适合办公室一族锻炼腿部，但在社交场合却是一种很不文明的举止，是缺乏自信心的下意识举动。而且，抖动腿脚还会带动座椅摇动影响他人，让人反感。

第二是挠头摸脑。在交谈中下意识地挠头摸脑也是一种不文明的举止。这个举动经常被人忽视不注意，这种不自然的动作既不卫生，又显示出你的拘束与怯场，会造成他人对你的轻视，认为你社交经验少。

第三是揉鼻挖耳。在公开场合，揉鼻挖耳都是不文明的举止，它不但容易给人带来感官上的刺激，而且还会让人感到你很傲慢、不懂礼貌。

在交际中，男士应表现出刚劲、强壮、英勇和威武之态，给人一种强壮的美感，而不要忸怩作态。阳刚的表现不等于粗野、满口脏话，衣冠不整、不拘小节，也不是故作姿态、装腔作势，这样是"粗野"，是一种缺少教养的表现。而是要在交际中自然大方、从容不迫、谈笑自如，说话和气、文雅谦逊、尊重别人。而当男士作为主人的身份出现时往往是社交成败的关键，他要热情地接待每一位来访者，对于来访者，相见时要热情地握手问候，分别时要礼貌道别。

在交际中女士则要表现得举止优雅得体，要表现出女性的温柔、娴静、典雅之美，动作要轻柔自如，经常面带微笑，笑容自然，使人感到亲切友善。在公开社交场合，女士举止应自然大方，不要忸怩作态，不要轻佻，更不可挤眉弄眼，过分地装出一副笑脸，给人的感觉就如同献媚；在青年男女共同社交场合，女子之间切忌交头接耳窃窃私语，以及发出一些使人莫名其妙的笑声。女士作为主人时应注意男士的处境，当一位男士身处几位女士之中，他会感到不自然。这时女主人应主动"出击"，找出共同话题。当女士被男士邀请时，不要断然拒绝或含糊其词，如不能赴约，应做以解释或婉言谢绝，更不可出言不逊使人难堪。

发式与发质、服装

　　各人的发质不同，所以也适合不同的发型。柔软的头发剪短发。这种发质比较容易整理，不论想做任何一种发型，都非常方便。由于柔软的头发比较服帖，因此俏丽的短发比较适合，能充分表现出个性美。自然的鬈发留长发。只要能利用自然的卷发，就能做出各种漂亮的发型。这种发质如果将头发剪短，卷曲度就不太明显，而留长发才能显示出其自然的卷曲美。

　　细少的头发梳发髻。这种发质的人应该留长发，将其梳成发髻才是最理想的，因为这样不但梳起来容易，同时也能比较持久。如果梳在头顶上，适合正式场合；梳在脑后，是家居式；而梳在后颈上时，则显得高贵典雅。

　　服帖的头发：这种发质的特点是头发不多不少，非常服帖，只要能巧妙修剪，就能使发根的线条以极美的形态表现出来。这种发质的人，最好将头发剪短，前面和旁边的头发，可以按自己的爱好梳理，而后面则一定要用能显示出发根线条美的设计，才是理想的发型。修剪时，最好能将发根稍微打薄一点，使颈部若隐若现，这样能给人以清新明媚之感。

　　直硬的头发：这种发质要想做出各种各样的发型是不容易的。在做发型以前，最好能用油性烫发剂将头发稍微烫一下，使头发能略带波浪，稍显蓬松。在卷发时最好能用大号发卷，看起来比较自然。由于这种头发很容易修剪得整齐，所以设计发型时最好以修剪技巧为主，同时尽量避免复杂的花样，做出比较简单而且高雅大方的发型来。

服装的穿着不仅要与人的身材脸型甚至气质相协调，而且还应与人的发型相协调。如穿旗袍就需要配以中国式大发髻。尤以大发髻中的海螺髻为佳，其造型含蓄，既具有古代佳人的美态，又有现代女性的风姿。或以盘龙髻，则行纹清新，块面均匀，线条优美，起伏得当，颇具古典风韵。若以长发披肩与旗袍相比就会显得不协调。又如夹克衫配穿牛仔裤，则需配以超短蓬松轻盈的现代发型。或随其自然的长披发，以表现洒脱和自如。而穿连衣裙的发型应强调妩媚绰约的阴柔之美。

现代服装总的趋势是轻软娇柔，其发型也就相应地流行轻快的、柔美的、有个性的短发和中短发型。如流线式，其特点是线条流畅、简洁活泼；飞燕式，造型优美、秀丽大方；卷菊式，以浓密、丰满和柔软的效果，给人以青春常在的美感。

发型与身材的搭配

高瘦身材者，这种身材是比较理想的身材，但容易产生眉目不清的感觉，或者是缺乏丰满感，在选择发型时，应尽量弥补这些不足。适合留长发型，但是要适当增加些发型的装饰性。如若梳卷曲的波浪式发型，对于高瘦身材更有一定的协调作用。但高瘦身材者不宜盘高发髻，或将头发削剪得太短，以免给人一种更加瘦长的感觉。例如，身材修长的女性如梳侧披发或束长发，则显得亭亭玉立，倍增娇美。

高大身材者，这种发型的设计上，应努力追求大方、健康、洒脱的美，减少大而粗的印象。一般留简单的短发为好，切忌花样复杂。烫发时，不应卷小卷，以免造成与高大身材的不协调。但对直长发、长波浪、束发、盘发、中短发式也可酌情运用。切忌发型花样繁复、造作。

矮小身材者，身材短小，给人以小巧玲珑的印象，适宜留短发或盘发，并可以根据自己的喜爱，将发式做得精巧、别致些，追求优美、秀丽。不宜留长发或粗犷、蓬松的发型，那样会使身材显得更矮。可利用盘发增加高度，而且还会因为露出脖子使身材显得高些，设计发型时应强调丰满与魅力，从整体比例上，应注意长度印象的建立，而且要在如何使头发秀气、精致下功夫。

较胖身材者，要尽可能弥补自身的缺点，适宜梳淡雅舒展、轻盈俏丽的发型。在发型的设计上要强调整体发式向上，将两侧束紧，使脖子亮出，使人产生视错觉，也可选用有层次的短发、前额翻翘式等发型。不宜留长波浪、长直发。

另外，选择发型还要注意颈部的特点。颈部长的人适合稍长的、波浪大的发型；颈部短的人要把头发从颈部向后梳，把后面的头发梳得完整一些，让颈部暴露出来，使颈部显得长些。如果你的上身比下身长，或上下身等长，发式可选择长发以遮盖上身；如肩宽臀窄，就应选择披肩发或下部头发蓬松的发式，以发盖肩，分散肩部宽大的视角。

魅力形象着装原则

服装是一种无声的语言，如何着装可从一个侧面真实地传递出一个人的修养、性格、气质、爱好与追求。要使着装后的个人形象富有神韵和魅力，应遵循以下原则。

第一，整体性原则。正确的着装，能使形体、容貌等形成一个和谐的整体美。服饰的整体美构成因素是多方面的，包括：人的形体和内在气质，服装饰物的款式、色彩、质地、加工技巧乃至着装的环境，等等。正如培根所说"美不在部分而在整体"，孤立地看一个事物的各个部分可能不美，但就整体看却可能显得很美。

着装的整体美是由服饰的内在美与外在美构成的。外在美指人的形体及服饰的外在表现；内在美指人的内在精神、气质、修养及服装本身所具有的"气韵"。打扮是外在的，若能不断充实自己的内涵，培养自己优雅的风度及高贵的气质，那么着装上一定是成功的。

第二，个性化原则。着装的个性原则不单指通常意义上的个人的性格，它是主要方面，还包括一个人的年龄、身材、气质、爱好、职业等因素在外表上的反映所构成的个人的特点。有的人穿上崭新的服装，觉得浑身不自在，变得傻愣呆板，就因为这衣服不是他的个性表达，仍是外加的壳。

各式服装都有自己的风格和内涵，理解服装应如同理解自身一样，就能找到适合自己穿的衣服。只有个性化的着装，才能与自己的个性和谐一致，才能烘托个性、展示个性，保持自我以别于他人；只有当服饰与个性协调时，才能更好地发挥其效应，塑造出自己的最佳形象和礼仪风貌。

第三，符合"社会角色"原则。人们的社会生活是多方面的、多层次的，在不同的社会场合，扮演不同的社会角色。在社会活动中，人们的仪表、言行必须符合他的身份、地位、社会角色，才能被人理解、被人接受。人们对商务人员的期望形象是热情有礼，衣服整洁，洒脱端庄，精明练达，富有责任心。如果一个颇有实力的实业大亨，蓬头垢面，破衣烂衫，卑贱胆小，出现在众人面前，就很难让人相信他的经济实力。因此，利用得体的着装，可以满足他人对自己社会角色的期待，促成社交的成功。

国际通行的 TPO 原则

如何按照礼仪要求恰当地选择好自己应穿应戴的衣物饰品呢？就商务工作者而言，总的要求就是严格遵行国际通行的 TPO 原则。TPO 原则即着装与时间、地点、仪式内容相配的原则。(Time 时间、Place 地点、Occasion 仪式，这三点被称为 TPO)

时间原则一般包含三个含义：一是指一天中时间的变化；二是指一年四季的不同；三是指时代间的差异。日间是工作时间，着装要根据自己的工作性质和特点，总体上以庄重大方为原则。如果安排有社交活动或公关活动，则应以典雅端庄为基本着装格调。晚间可能有宴请、听音乐、看演出、赴舞会等社交活动，由于空间的相对缩小和人们的心理作用，人们往往对晚间活动的服饰比白天活动时的服饰给予更多的关注与重视。因此，晚间着装要讲究一些，礼仪要求也要严格一些。晚间着装以晚礼服为宜，以形成典雅大方的礼仪形象。西方许多国家都有一条明文规定：人们去歌剧院观看歌剧一类的演出时，男士一律着深色晚礼服，女士着装也要端庄雅致，以裙装为宜，否则不准入场。这一规定旨在强调社交场合的文明与礼仪，同时也体现着西方国家所具有的尊重他人可以营造优美环境与氛围的社会文化。

另外，一年四季不同气候条件的变化对着装的心理和生理也会产生影响，着装时应做到冬暖夏凉、春秋适宜。夏天的服饰应以简洁、凉爽、轻柔为原则，切忌拖沓累赘，给自己与他人造成不必要的烦恼和负担。冬天的服饰则应以保暖、轻快、简练为原则，穿着单薄会使人看起来唇乌面青、缩肩佝背；而着装过厚，又会显得臃肿不堪、形体欠佳。春夏两季着装的自由度相对来讲要大一些，但仍应注意总体上宜以轻巧灵便、薄厚适宜为着装原则。此外，服饰还应顺应时代的潮流和节奏，过分落伍或过分新奇都会令人侧目。

地点原则即环境原则。不同的环境需要与之相协调的服饰，以获得视觉与心理上的和谐感。在豪华的铺着地毯的谈判大厅与陈旧简陋的会客室里，穿着同一套服装得到的心理效应会是截然不同的。与环境不相协调的服装，甚至会给人以身份与穿着不符的感觉或华而不实、呆板怪异的感觉等，这些都有损于商务人员的形象。避免它的最好办法是"入乡随俗"，穿着与环境地点相适合的服装。比如，职业女性在衣着穿戴上不能太华丽，穿肉色蕾丝上衣、丝绒高开衩长裙会使别人怀疑其工作能力，同时也难免会遭到同性的嫉妒和异性的骚扰。同样，对于一个刚离开校门参加工作的青年业务员来说，太清纯、太学生味的装扮也只会让自己显得幼稚、脆弱，让人怀疑其肩上能否挑起重担；而太前卫的办公室着装只会让人觉得散漫、怪诞、缺乏合作精神。

着装的仪式原则是指服装要与穿着场合的气氛相和谐，更和欲达到的目的相一致。如参加签字仪式或重要典礼等重大活动，要想让自己显得庄重、大方，表现出诚意或教养，着一套便装或打扮得过于花枝招展都不适宜，不能达到预期目的；只有穿着合体的，质地、款式都庄重大方的套装才合适。

商务人员在不同场合的着装，关键是要让服饰与时间、地点及仪式内容相符。如能按照 TPO 原则适当讲究，便可给人庄重、大方、高雅、整洁的好印象，同时也是对宾客或主人的礼貌与尊重。

服饰色彩及寓意

不同的色彩会给大脑不同的刺激，而且也微妙地影响人的心理情绪。

从而产生不同的心理感受。有的色彩悦目，使人愉快；有的色彩刺眼，让人烦躁；有的色彩热烈，使人兴奋；有的色彩柔和，让人安静。五颜六色的服装适合不同的场合，要了解它们在人们心理中所产生的联想和感觉，以及它们的象征寓意，才能更好地选择适合自己的衣着，穿出自己的风格。在选择适合自己的色彩之前我们先了解一下它们代表的意思。

红色，多用于喜庆场面。红色服装具有较强的刺激和兴奋神经的功能，给人以积极向上的感觉、展示个性纯情的魅力和性感的魅力。红色服装能增强人体的潜能，还能带来喜庆气氛，给大家以欢欣。

黄色，光明和希望的象征。使人感到明朗、高贵、健康，尤其是淡米黄有素净感觉，淡黄色的花与气球能给人轻松柔和的美感，但基督教不喜爱黄色，认为它是卑劣的色彩，表示嫉妒和奸诈，所以在出席有众多外国朋友的场合，要注意避免使用。

蓝色，有庄重、坚实、理智、宁静、朴素、寒冷的感觉。所以夏天的冷饮室常使用淡蓝色，可以产生凉快的感觉。蓝色、浅蓝色服装，给人以清洁、素雅的美感，可以使人安静，稳定人的情绪。

橙色，有鲜明夺目、光辉、温暖、明快热烈的感觉。可以兴奋交感神经，使人容易激动。多看则有厌倦、烦恼之感。所以可以作为搭配的颜色。

绿色，有青春、自然、和平、清爽温和的感觉。绿色多象征和平。绿色的服装，使人产生一种柔和舒适的感觉，对心理有缓和作用，可以使紧张的神经得以放松，让社交对象无压迫感。

紫色，红紫色有高贵、神秘的感觉，蓝紫色有优雅、沉着的感觉。但浓艳、刺眼的紫色又使人感到庸俗，所以在选择时要注意颜色的差别。

155

适合气质高贵的妇人。

白色，有清净、素雅、圣洁、高贵、善良等美感。适合气质单纯、外表简单的妆饰。但又用来表示悲痛情感。

黑色，有庄重、严肃、神秘、阴森等感觉。黑色又可象征恐怖、死亡等。但是黑色的服饰，配在洁白光滑的肌肤身上，使人显得高贵典雅，能对人产生镇静作用。紫色、黄色服饰也有类似作用。特定社交场合着黑色服装，能渲染气氛，产生庄重、肃穆感。

受制于个人所处的环境、文化素养以及年龄等因素，不同的人会选择不同的服装颜色。年轻人多选择红、粉红、黄、绿、橙等颜色，因为他们充满活力与朝气。老年人多喜欢黑、灰、海军蓝等颜色，因为他们的心情平稳温和。当情绪低落时，选用活泼亮丽的服装，能帮助改善心情，达到激励的效果。不同的人、不同的心情、不同的色彩让我们的世界五彩缤纷、多姿多彩。

商务人员服装类型简述

商务人员一般应将自己的服装分为三类，即正式服装、职业便装、休闲服装。

正式服装指在正规的、隆重的场合穿的服装。一般适用于晚间在办公室以外的场合进行商务活动，如与客户去戏院看戏或去参加交响音乐会，有时也用于单位的节日晚会等活动。男士的正式服装主要有西服套装、中山装、制服及民族服装。女士正式服装主要有西服套裙、旗袍、连衣裙、民族服装。目前男士最普遍使用的正式服装是西服套装。它要求质地比较考究，颜色统一，呈深色，戴领带，配上黑色皮鞋。袜子的颜色要比皮鞋的颜色深。女士在正式场合应穿裙装，而且以统一颜色的西服套装为佳。穿有跟的皮鞋，皮鞋颜色比服装的颜色深。穿透明的肉色丝袜，袜口不能落在裙口下，袜子不能有破洞。

职业便装也是职业服装中的一种，常用于会议、研讨会、公司组织的活动或在办公室"非正式着装日"等普通上班场合。它不同于正式场合那么正规，颜色、质地没那么考究，但要求符合一切传统职业服装的标准：形象优美，干净合体，整洁端庄。一般男士上班应着西服、衬衣，有的企业还要求打领带，衬衣纽扣必须扣好。女士的职业便装包括衬衫裙子、套裙或合体的长裤、衬衫配夹克衫等，不可穿过于新潮和暴露的服装。除非要去参加体育活动，一般不要穿运动鞋或凉鞋。无论是否统一着装，上班的着装必须是庄重整齐的，它表明员工的责任感和可信程度，也表现了对他人的尊重。

休闲服装指家常服装、运动装等，如T恤衫、连衣裙、牛仔服、运动服、夹克衫、羊毛衫。这些服装不应出现在正式场合和办公场所。休闲服有随便、宽松、舒适的特点，适用于外出旅游、参观游览或休闲在家。可以根据自己的特点、爱好去选择。当然，如果在旅游和运动时，穿上正式服装，会让人感到拘谨，与轻松的气氛格格不入。

在国外，人们在收到宴会请柬时，经常在请柬的左下角看到注有"正

式的 (Formal)""非正式的 (Informal)"或"小礼服 (Black Tie)"等字样。有时也写着"随意 (Casual)"。这些都说明宴会主人对着装的要求。如果是比较正式的宴会 (晚宴等),主人又没有在请柬上注明对着装的要求,一般的人就会按通常的做法着装,而有的客人还会主动给主人打电话询问一下。可见,人们在这方面是相当注意讲究礼貌的。宴会主人在请柬上对着装提出的要求,正是反映出主人对宴会性质的想法,即为了表示隆重、热烈或是亲切、友好等。

精准
社交

第七章

SHEJIAO CHANGHE NIHUI BIAODA ZIJI MA

社交场合你会表达自己吗？

> 俗话说，即便是病人，聚在一起也比独处要轻松。
>
> ——屠格涅夫

社交是需要交流的

　　人与人之间的交往是建立在交流的基础之上的,言谈要讲求艺术性,同样的语境,不同的环境下,同样的话,不同人,效果往往大不相同。如一位权贵,他做了一个奇怪的梦,梦见自己嘴里牙齿全都掉光了,于是就找人释梦。第一个人说:"你所有的亲属都会在你之前死去,一个也不剩。"第二个人却说:"尊贵的大人,您将比你所有的亲属都长寿。"这位权贵赏给第一个释梦者一百棍子,给第二个释梦者一百金币。由此可见言谈艺术性的效用。想要获得很好的交谈效果,就应该在言谈时注意以下几点。

　　第一,说话要准确,不能模棱两可,要合乎语言规范。一般来说如果可能,尽可能使用我国通用的汉语——普通话,不会造成方言上的障碍,人人都能听懂。要求避免读音的错误,不要念错多音字。

　　第二,说话要清晰,简单明了,清楚明白。表达清楚是有效交往的前提,这就要求口头交流中尽量避免使用似是而非的、晦涩难懂的语言,说话力求简单明了。力避节外生枝、不着边际、云里雾里、不知所云,而尽量使用精练、通俗的语言。

　　第三,要真诚礼貌,这是对谈话者更高层次的要求。

（1）要尊重对方，注意倾听，在交谈中应神情专注，态度诚恳，自然应答，倾听尽量注视对方的眼睛以表示你的重视。

（2）要注意礼貌，尽量使用敬辞和谦辞。如"请""您""指教""包涵""拜托"等。

（3）对待谈话者的提问尽量采取委婉的回答方式。表达不同意见或者拒绝对方时，要让对方感到他是受尊敬的。

（4）语气要平和，不宜过高也不宜过低，保持适中。

第四，风趣的言谈会增强语言的感染力，促进双方之间的友好愉快沟通。而乐观地对待生活、加强自身修养是培养这种能力的不错选择。

交谈时的礼节

谈话的表情要自然，语气和气亲切，表达得体。说话时可适当做些手势，但动作不要过大，更不要手舞足蹈，不要用手指指人。与人谈话时，不宜与对方离得太远，但也不要离得过近，不要拉拉扯扯、拍拍打打。谈话时不要唾沫四溅。

参与别人谈话要先打招呼，别人在单独谈话，不要凑前旁听。若有事需与某人说话，应待别人说完。有人与自己主动说话，应乐于交谈。第三者参与说话，应以握手、点头或微笑表示欢迎。发现有人欲与自己谈话，可主动询问。谈话中遇有急事需要处理或需要离开，应向谈话对方打招呼，表示歉意。

　　谈话现场超过三人时，应不时地与在场的所有人攀谈几句。不要只与一两个人说话，不理会在场的其他人。也不要与个别人只谈两个人知道的事而冷落第三者。如所谈问题不便让旁人知道，则应另找场合。

　　在交际场合，自己讲话要给别人发表意见的机会，别人说话，也应适时发表个人看法。要善于聆听对方谈话，不轻易打断别人的发言。一般不提与谈话内容无关的问题。如对方谈到一些不便谈论的问题，不对此轻易表态，可转移话题。在相互交谈时，应目光注视对方，以示专心。对方发言时，不左顾右盼、心不在焉，或注视别处，显出不耐烦的样子，也不要老看手表，或做出伸懒腰、玩东西等漫不经心的动作。

　　谈话的内容一般不要涉及疾病、死亡等不愉快的事情，不谈一些荒诞离奇、耸人听闻、黄色淫秽的事情。一般不询问妇女的年龄、婚否，不径直询问对方履历、工资收入、家庭财产、衣饰价格等私人生活方面的问题。与妇女谈话不说妇女长得胖、身体壮、保养得好等语。对方不愿回答的问题不要追问，不究根问底。对方反感的问题应表示歉意，或立即转移话题。一般谈话不批评长辈、身份高的人员，不议论当事国的内政。不讥笑、讽刺他人。不要随便议论宗教问题。

　　男子一般不参与妇女圈内的议论，也不要与妇女无休止地攀谈而引起旁人的反感侧目。与妇女谈话更要谦让、谨慎，不与之开玩笑，争论问题要有节制。

　　谈话中要使用礼貌语言，如你好、请、谢谢、对不起、打搅了、再见等。在我国人们相见习惯说"你吃饭了吗？""你到哪里去？"等，有些国家不用这些话，甚至习惯上认为这样说不礼貌。在西方，一般见面时先说"早安""晚安""你好""身体好吗？""最近如何？""一切都顺利吗？""好久不见了，你好吗？""夫人（丈夫）好吗？""孩子们都好吗？""最近休假去了吗？"等。对新结识的人常问"你这是第一次来我国吗？""到我国来多久了？""这是你在国外第一次任职吗？""你喜欢这里的气候吗？""你喜欢我们的城市吗？"等，分别时常说"很高兴与你相识，希望再有见面的机会""再见，祝你周末愉快""晚安，请向朋友们致意""请代问全家好"……

在社交场合，还可谈论涉及天气、新闻、工作、业务等事情。

在社交场合中谈话，一般不过多纠缠，不高声辩论，更不能恶语伤人、出言不逊，即便争吵起来，也不要斥责，不讥讽辱骂，最后还要握手而别。

交谈的仪态

谈话时若伴以各种面部表情、神态和手势，往往会更直接地交流感情，更好地表达思想，给人印象深刻，从而使谈话的效果更好。但须注意，世界各民族的人体语言多种多样，内涵也不尽相同。就点头而言，世界大多数民族的共同习惯是表示同意、赞同、肯定，但在希腊、南斯拉夫和保加利亚等国，则表示否定、不同意。再如伸出大拇指，在世界大多数国家表示赞赏、夸奖，有"好""真行""太棒了""顶尖高手"之意，而在澳大利亚，竖起大拇指则是一个粗野的动作，欧美人在公路上若横向伸出大拇指，表示要搭车，在日本用大拇指表示老爷子，印度尼西亚人用大拇指指东西。

与人谈话最困难的，就是应讲什么话题。若想让别人觉得自己有吸引力，最好的办法就是说话真诚明了，并且明智地选择话题。一般人在交际场中，第一句交谈是最不容易的。因为彼此不熟悉对方，不知对方的性格、嗜好和品性，又受时间的限制，不容许多做了解或考虑。下面是几种常用的开启话题的方法。

如果你碰巧坐在一位陌生人身边，你不妨先自我介绍，然后用提问的方式进行试探。比如说："我叫××，是史密斯夫妇的新邻居，你是他们的同事吗？"或是说："听说您和××先生是老同学？"无论问得对不对，总可引起对方的话题。问得对的，可依原意继续展开，猜得不对的，根据对方的解释又可顺水推舟，在对方的生活上畅谈下去。

另外，就有争议的问题展开话题，也不失为社交聚会上一种开口妙法。例如，在选举年份里，可直接问"你准备投谁的票？"或者"你以为副总统候选人如何？"等问题。在改革的岁月里，可以问"你认为目前的国企改革如何？"或者"你认为行政改革的方案怎样？"……

这些有争议的话题可以使你毫不费力地开始交谈。

向人请求赐教是另一种十分奏效的开场白。比如说："我正打算买一台家用电脑，你有何高见呀？"或者："我正准备把手中的股票抛出，你认为合适吗？"其实，你可以向她或他请教任何问题，不论是政治、体育，还是股票行情、流行时尚，只要是你想到的问题，均可以请教的方式表述。这种方式简便易行，立即见效。

赞美一样东西常常也是一种最稳当得体的开头语。如赞美主人家的花养得好之类。如果女主人已经向你谈过这位同席的伙伴，那你可以对他说："我听说你最近有部新作出版了，那一定写得非常精彩。"

总而言之，如果一个话题继续不下去了，就换到另一个话题，你也可以接过话头，谈谈你最近读过的一篇有趣的文章，或说说你刚刚看过的一部精彩的电影，也可以描述一件你正在做的事情或者正在思考的问题。如果谈话出现短暂停顿，不要着急，不必无话找话谈，沉默片刻也无妨。

交谈的技巧

如果你能和任何人持续谈上 10 分钟并使对方发生兴趣，你便是很好的交际人物了。一次成功的谈话，并不一定非要表现出机智的妙语或雄辩的口才，关键在于进行感情交流和思想火花的碰撞。我们大多数人并不具备也无须具备语惊四座的特殊才能，但我们可以通过掌握一些谈话的技巧，来清晰准确地表达我们的思想感情，成为一个善于谈话的人，成为一个别人喜欢交谈的对象。

交谈要有自信，不要惊慌害怕。许多人害怕与人交谈，唯恐自己无言以对，谈话时总是绞尽脑汁琢磨自己接下去该说什么，而对别人说的话一个字也听不进,反而更使谈话难以进行。因此,不要惊慌,对自己要有信心,要一个字一个字地听,要一个字一个字地说。千万别担心无话可说而害怕与陌生人接触,请记住,大多数谈话失误不是因为说话太少,恰恰相反,言多才会语失。

要先闭嘴,三思之后再开口。这是最主要的谈话技巧,也是谈话时应遵循的独一无二的原则。只有"闭嘴",你才可以避免喋喋不休、口若悬河;只有"三思",你才能避免信口开河,才能找到话题和陈述的方式,你的听众也才会因而感兴趣,从而不至于感到索然无味、痛苦难熬。与人谈话一定要先想后说,因为几乎所有的谈话失误都是缘于未加思索或考虑不周。因失言而冒犯他人所造成的错误,比缄默不语要严重得多,再多的道歉也难弥补言外之意所导致的创伤。

牢记"停、看、听"的谈话规则。在谈话中,"停"意味着没有想好不要开口;"看"意味着察言观色,留心观察谈话对象的面部表情;"听"意味着认真倾听对方的谈话。尤其"倾听"最重要,因为人人都喜欢同一个真正地倾听自己讲话的人谈话。请记住,仔细倾听且富有同情心的听话人最受欢迎。假如你在街上巧遇一位很久没有联系的老朋友时,你会情不自禁地露出欣喜之色,急于想了解他的近况,或者专心倾听他的谈话,满面激情地注视着他,并表现出发自内心的、真心实意的关怀,那么可以说你已经很好地掌握了谈话的艺术。

多用礼貌用语。礼貌是人们之间在频繁的交往中彼此尊重与友好的行为规范。礼貌用语则是尊重他人的具体表现,是友好关系的敲门砖。在日常生活中,尤其在社交场合中,礼貌用语十分重要。多说客气话不仅表示尊重别人，而且表明自己有修养，既有利于双方气氛融洽，也有利于交际。

不要吝啬恭维话。毋庸置疑，人人都喜欢听恭维话，也都喜欢说恭维话的人。然而奇怪的是，现实生活中人们总是吝啬恭维。这或许是由于多数人不喜欢当面评头品足，或许有些人由于性格内向羞怯而不愿启齿，或许有些人根本没有想到恭维话会让人高兴不已。其实一句简单的恭维话就会获得你的谈话对象的好感，一句由衷的赞美之词就会使你的话语娓娓动听、感人肺腑，让人难以忘怀。

注意倾听，做个忠实的听众。谈话本身包括说和听，不要口若悬河地垄断整个谈话，要给对方发表意见的机会。要全神贯注地聆听对方的讲话、不要轻易打断对方的谈话，以示尊重对方。对方讲话时，也可在适当时候发表自己的看法，不过一般不谈与正在议论的内容无关的话题。如果对方谈到一些棘手的话题，或者你认为他的观点你根本无法接受时，不必轻易表态或随声附和，可设法尽快转移话题。

谈话时，要时时留心自己的谈吐，并且严密观察听话人的反应，只有这样，才能知道自己的言辞是否妥当。因为很少有人在说话不动脑筋和出言不妥时得到别人的提醒。要记住"我"是一个最微不足道的词，不要在谈话中无限制地使用它。一个有礼貌的人，不要把"我认为"总是挂在嘴上，而应该问："你认为如何？"不过一个圆滑的人在讨论问题时会说"我认为"，而不说"不是这样"，因为后者无异于指责别人说谎。可以说，一个处事成熟老练的人从不流露自己的成见。

谈话的禁忌

切忌在公共场合旁若无人地高声谈笑，或我行我素地高谈阔论，应顾及周围人的谈话和思考。两人交谈时，应轻言细语，声音大小以对方听清为宜，不要相距很远高声交谈，也不要在大厅里、旅馆走廊里远距离打招呼、问候，而应双方走近后再问候致意。

切忌喋喋不休地谈论对方一无所知且毫不感兴趣的事情。

应避开疾病、死亡、灾祸以及其他不愉快的事这样的话题，以免影响情绪和气氛，应该谈论那些使听者感兴趣和高兴的内容。还应避免谈论稀奇古怪、荒诞离奇的事，没有教养、愚昧无知或素质低的人才会对这类话题津津乐道。此外，不要怨天尤人，因为人人都有一本难念的经，听话者不会从喋喋不休的抱怨中得到宽慰。

切忌询问妇女年龄，是否结婚。尤其西方女性对年龄和婚姻十分敏感，认为这些是个人的隐私，他人不得涉及。同样地，也切忌询问对方工资收入、财产状况、个人履历、服饰价格等私人生活方面的问题。欧美人很忌讳这类提问，认为这是对对方的不尊重，侵害了对方的隐私权，是一种极为失礼的行为，同时对方还会认为提问者缺乏教养。同女性谈话时，绝对不要称赞她营养充分、身体壮实、长得富态，那意味着她长得很胖，没有线条、不美。西方女性喜欢人们说她长得年轻、很苗条。

不要在社交场合高声辩论，应毫无偏见地心平气和地讨论；不要出言不逊、恶语伤人，而应该言语得体，古人说得好："不能美言则免开尊口。"不要当面指责，更不要冷嘲热讽，而应语气委婉，各抒己见，尽量说服对方或求同存异，辩论完分手时应相互道歉。

切忌在社交场合态度傲慢、自以为是、目空一切、夸夸其谈。谈话要自然，态度要和蔼。

切忌与人谈话时左顾右盼，东张西望，注意力不集中，而应善于倾听对方的谈话，始终正视你的谈话对象，使他（她）感到你没有分散注意力。如果某人和你交谈时，你的眼睛却根本不正视他（她），这是最令人困窘的事，也是失礼的行为；也不要频频看手表，显得不耐烦。

男子不要参与女人之间的"闺房"谈话，也不要与个别女性长谈不休，因为这样容易引起他人的反感。与女性交谈，要彬彬有礼、要谦虚谨慎、言简意赅。

谈话忌重复。即使再有趣的事也经不住重复。对于爱重复叙述的人应该有礼貌地坦率地阻止他旧话重提，这不仅有益于自己，而且免得讲话者惹人讨嫌。不过，应用感兴趣的语气打断他的重复，如："哦，是呀，你向我已经讲过那件事，听起来它蛮有意思的。"

谈话时，对方若不愿回答的问题不要继续追问，对方反感的问题要立即道歉。若有人在你面前对某人、某一组织或某一民族发表侮辱性的贬义评论时，你可以简单地表示"咱们不谈这个问题吧"，然后换个话题，或者强烈地坦诚相告。因此，谈话时不要议论所在国的政治，尤其是较敏感的民族。

谈话时不要手舞足蹈，过分夸张的手势会显得不文雅，缺乏修养；也不要唾沫横飞。

谈话前忌吃洋葱、大蒜等有气味的食品。

话题选择的艺术

交流、谈话的中心便是话题。不同话题的选择反映着不同谈话者品位的高低。一个好的话题，能让双方找到共同语言，而这则预示着谈话成功了一半，获取了初步胜利。以下原则有利于高品位话题选择。

首先，要选择对方喜闻乐道、感兴趣的话题。每个人的爱好和兴趣不尽相同，因此要注意话题性质的选择，比如说在正式场合或非正式场合谈谈有关体育比赛、文艺演出、电影电视、风胜景名之类的话题，往往是比较轻松愉快和普遍能够接受的。

其次，要有自己的观点，不要一味地迎合，迁就别人的观点，会丧失自己。阿谀奉承、百般讨好会被认为没有个性、原则，极易引起别人的反感。

最后，对对方忌讳的话题尽量不要提起。不要强人所难，强迫别人接受自己的见解和观点。一般来说，下列话题通常不适宜谈论。

一是对别人表现出过分的关心和劝戒。物极必反，过了头的关心不但不会被人接受，还往往被人认为虚情假意，干涉了他人的个性独立与自由。

二是侵犯别人的私生活。交谈过程中应避免询问对方的年龄、婚姻、履历、收入及其他方面的隐私问题。

三是不要和别人谈论令人不快的事物。这些事情往往会令人心情压抑、郁闷，影响交谈的效果，例如衰老与死亡、惨案与丑闻、色情与暴力之类的话题格调庸俗、低级，不宜谈及。

四是不要津津乐道地谈论他人的短长。喜欢议论同伴家长里短、单位的人际纠葛的人，是非常无聊的，而且极易令别人对自己产生喜欢搬弄是非的印象。

五是尽量避免谈论自己不熟悉的话题。对于不熟悉的应洗耳恭听，虚心请教。一知半解、故弄玄虚、不懂装懂，往往会给人留下华而不实的印象。

怎样使交谈更投合

要想获得比较好的交谈效果，一个投机的话题是必备的。话语投机是使交谈顺畅的前提。交谈双方如果见解相同或相似、言语风格相近或相似，话语就比较容易投机。交谈中寻求共同语言是交谈双方相互得到认可和认同的最常用手段。寻求使交谈更加投合的共同语言大致有以下几种渠道，即通过语音、语句、话题、风格的调节与谈话对象的话语相对统一与和谐。

一般来说，要求我们通过不同的途径寻找共同点。语音。语音即说话人的声音，它由口音、语速、语调等组成。口音有普通话和方言之分；语速有快慢之分；语调有抑扬顿挫之分。交谈双方要尽力使口音、语速、语调保持同一。语句。如果谈话者有意识地多运用对方熟悉的、易接受、易产生共鸣的词语，多运用对方这一层次和文化群体的常用语，就可以形成语句的接近。如果谈话对象在交谈中不时运用成语、典故、古诗词，体现出较深厚的文化素养时，谈话者为了使话语投机，也要相应地使用成语、典故和古诗词。话题。谈话者根据谈话对象的社会心理需求，应该选择谈话对象易接受、愿接受、感兴趣的话题。在谈话过程中也要应和对方的话题。这就需先了解谈话对象，寻找和熟悉对方的有关背景资料。

通过风格寻求共同点。谈话风格是言语者运用言语所表现出来的各种特点的总和，而各种特点又是从不同的角度来观察的。言如其人，一个人的言语风格是一个人思想、个性等的外在反映。

消除尴尬小妙招

在快节奏的社会生活中，人与人之间的交往日益频繁，在带来交往益处的同时，也会因为失误、别人的指责或其他突如其来的事情，给自己带来一些尴尬，如何摆脱这种令人不快的局面呢？下面几种方法一定会让你眼前一亮的。

妙招一，借题发挥法。某著名歌星参加义演，下台时不慎被电线绊倒，正在鼓掌的观众怔住了，只见他从容地站起来微笑着说："你们的掌声真使我倾倒了。"妙语一出，赞美的掌声响成一片。不难看出，此法适用于处理突发事件或是对方态度不友好时，通过环境或自身某方面借取话题，引申、发挥，化被动为主动，改变气氛，摆脱困境。此妙法的关键是话题要借好，发挥要贴切。

妙招二，自我解嘲法。某位美国总统对加拿大进行访问发表演讲时，反美示威人群不断打断里根的讲话，两国领导人都感到很尴尬，里根对加拿大总理说："这种情况在美国时有发生。这些人一定是从美国特意赶来的，想使我有一种宾至如归的感觉。"此语落地后笑声顿时化解了尴尬场面。当你遭遇失误、挫折或尴尬局面时，不妨也效法一下这位总统，对自己所处困境主动地嘲弄、调侃，不但可以摆脱窘境，而且能够展现出你的虚怀若谷和博大胸襟。此法可以通过故作糊涂、大智若愚来体现，亦可以借助于对缺点、失误进行夸张、渲染来体现。

除此之外，还可以对造成尴尬的原因进行曲解，来制造幽默、缓和气氛，或是迅速采取补救措施，把因失误造成的影响减小到最低程度，或将错就错、借题发挥。

开玩笑应注意的事项

适当的玩笑可以调节人的情绪,但开玩笑要有度,要因人、因时、因地而定,否则会造成相反或否定的效果。

首先,开玩笑要看对象。人的性格各不相同,有的人内向,有的人外向,有的人活泼开朗,有的人沉默寡言,有的人豁达大度,有的人则小心多疑……对于不同性格的人开玩笑要掌握"度",做到因人而异。对于性格开朗、宽容大度的人多开一点可能无妨,但对于内向或多疑的人则可能不然,同样的玩笑对有的人可以开,对有的人则不能开;对男性可以开,对女性则不能开;对青年人可开,对老年人则不能开。总之开玩笑要让对方感到轻松、愉快,不要造成伤感情与自尊的效果。

其次,开玩笑要分说话的时间、情绪。俗话说"人逢喜事精神爽",人在高兴的时候,多开一点玩笑是可以的,如果在别人情绪比较低沉,在生活中遇到不幸和烦恼时,这个时候去打逗取笑,就不合时宜了,他们这时常常需要的是安慰。弄不好别人会产生你在幸灾乐祸的误解,甚至会产生矛盾,造成不愉快的后果。

再次,开玩笑要看场合。在别人专心致志地学习和工作时,开玩笑是不合适的,可能会分散别人的注意力,影响别人的学习和工作。在一些严肃、紧张的气氛中，公共场合和大庭广众前，一般也不宜开玩笑。

最后，要注意开玩笑的内容。开玩笑一定要内容健康、风趣幽默、情调高雅，切忌拿别人的生理缺陷开玩笑，把自己的快乐建立在别人的痛苦之上。忌开低级庸俗、无耻下流的玩笑，不要捕风捉影以假乱真。要使大家在玩笑中受到教育和放松、得到陶冶为准。

处理尴尬的小技巧

现代人更注重追求个性的解放和心灵的自由，因而在言谈举止上更趋向于一种自然随和的交际方式。认识到时尚潮流的趋向会让你的行为更有的放矢、目标明确。开个小玩笑、和对方搞个小小的恶作剧不但不使人反感，在通常情况下还能起到缓和紧张、尴尬气氛的特殊功效。因而适当情况下的合适的小玩笑能够促进人际交往，可说是一种不错的黏合剂。但生活交往中总有人把握不好分寸，有意或无意使开的玩笑过分。如何才能避免或消除类似的状况，使自己从紧张、尴尬的氛围中解围？不妨用用以下的技巧。

技巧一：以嘲解嘲，自我解脱法。例如，某机关领导正在追查一封匿名信的来源，办公室的一个人说："没准就是你们打印室的人弄的呢！"这时可以心平气和地答道："谢谢抬举，我们要能写出如此高水准的文章，不就抢了你们的饭碗了吗？"因为有时候，开玩笑的人并无意伤害别人，但由于开玩笑的场合、时机、内容不合适，而使人处于尴尬的境地。

既然没有恶意，你也不必太认真，不妨以另一个玩笑话来处置，以免因过分的玩笑而破坏双方的正常工作关系。

技巧二：顺水推舟，因势利导。例如，几个人在议论机关办公室抽屉里的钱被偷的事，小张看着相邻科室的小陈说："小偷肯定是经常到我们办公室来的人。"大家一齐把目光转向小陈。小陈一怔，然后不慌不乱地答道："你这一说我倒想起一个人，小张，你那个老乡这几天不是经常在你们办公室里待着吗？你去问问他吧。"这样将开玩笑的一方弄到一种进退维谷的困境，可以把话题顺势引向别的方向，把人们的注意力转移开。既反驳了无理的玩笑，也处理了良好的人际关系，可谓一举两得。

技巧三：针锋相对，主动突围。例如，你和几个老同学正在说话，对面走来的邻居说："老李，平时和儿媳妇那么亲热，今天没带出来玩吗？"你可以平静地反驳道："不知你领的小孩是你儿子还是孙子啊？"这种情况适用于那些心术不正、心存恶念开玩笑的人，这时你就应针锋相对，积极反击，正所谓来而不往非礼也。

解释的重要性

人与人之间的任何交际活动都离不开解释。要让解释这种重要的表情达意的方式获得最佳效果，还需一定的技巧。

　　首先，解释的首要原则是有理有据。由于解释的主要功能在于解疑释难、澄清事实，所以对方对自己提出的观点或言行的动机不甚明了时，我们需要用解释来进一步澄清，当引起他人怀疑的时候，需要通过解释来阐明真相。因此，有理有据是解释的必备要素。要想令人信服，必须做到如实地陈述事情的本来状况。

　　其次，解释的另一重要原则是表述清晰。解释必须清楚明白，这是由解释的性质和功能决定的。要获得对方的相信，必须针对事件的起因和过程，及时地开诚布公地进行解释，并依据解释做出合乎实际的判断。不说清来龙去脉，便不可能消除误解。

　　最后，解释要用谦恭的语言。解释必然有误解存在，而正是基于此，已经对对方造成一定的怨愤，如果觉得自己被误会就心情急躁、情绪不稳定，反而会使矛盾激化。使用谦恭的语言，首先给双方情感的融洽提供一个良好的平台，在此基础上解释的话就有可能顺理成章使人信服。

应对不受欢迎的插话者

　　我们在生活中与他人交谈的时候，经常会遇到一些不相关的人唐突地插话，有时会使交流的气氛僵化，有时甚至还会使你与对方的交流被迫中断。这时候，该怎样对待这些无礼的插话人呢？

　　第一，利用身体语言暗示。虽然唐突的插话很没有礼貌，但如果直接制止也会让插话人感到尴尬，显得不够体谅别人。这时候，可以用肢体语言来暗示插话人，例如，频繁地看表、跺脚，或者用特别的眼神、厌烦的表情等。

第二，支开插话人。当你和你的客人或者朋友相谈甚欢的时候，这时你的一个朋友或下属出于好意，在一边嘘寒问暖、喋喋不休，这时可以请他帮个忙，把他支开。比如，请插话者替你给客人倒杯水，或者提醒他去做他现在正在处理的事情，这样就可以委婉地把插话人支走。

第三，委婉地言归正传。对于偏离主题的插话，如果任其进行，就会把话题扯得太远，以致无法把正题继续下去，这种时候，最好用委婉的语言接过话题，然后重新把谈话恢复到原来的主题上，这样会使插话者觉察插话不合时宜，自觉刹住话语。

如何拒绝无理的要求

生活中有时会遇到一些不替人考虑的要求，这时候，就要把自己的不满巧妙地表达出来，表明自己的态度，使对方有所领悟，才不会破坏和谐的人际关系。因此使用恰当的方式和技巧来表达是必要的。

第一，用夸张的幽默暗示对方的无理。幽默是处理棘手问题时的万金油，当对方的要求超出常理的时候，不妨我们进一步夸张一下，利用荒谬产生的幽默效果来使对方醒悟。

第二，转移话题来回避无理要求。有时候对方的要求实在很荒唐，或者坚持要你接受与你观点不合的想法，这时候旁敲侧击地把话题引向别处，或者声明以后再讨论，使对方明白自己的不满，打消对方不当的念头。

第三，坦言相告。如果对方是个性格外向的人，直接指出他的要求很过分也是可以考虑的，但这种方法比较生硬，因此尽量把话语说得委婉一些，如果对方很不知趣，那也只好坦言拒绝。

出色的交谈者的技巧

每个正常的普通人都会说话，但做一个优秀的交谈者，就需要掌握一定技巧。

首先，保持轻松的心情来交谈。人只有在轻松自然的状态下，才能流畅而真诚地交谈。刻意地用别人的名言、警句来装饰自己的话语，只会让谈话变得生硬和干涩，当你不紧张的时候，你会发现自己也可以妙语连珠。

其次，丰富你的交谈内容。每个人在谈话之初都可能只谈些既缺乏机智又毫无意义的事情，其实，这种短暂的交谈对于"使轮子转动起来"是必要的。一旦你不再担心自己是呆板的，你会发现，在许多情况下，你说的就是机智而有趣的事情。

再次，诱导别人说话。一个出色的交谈者并不是从始至终总是说个不停，而是能保持谈话顺利进行，让对方产生向你倾诉的愿望，这不需要你的经历有多么丰富，或者口才多好，能启发别人眉飞色舞地讲下去，才算是把交谈升华成为艺术。

最后，尽量避免以自我为中心。经常提到自己的事情，这是普通人通常的谈话表现，因为人们总是对和自己有关的事情感兴趣，但这并不是最好的谈话方式，它会让对方感觉到他被忽视了，从而对说话的人也产生抵触心理，这时候，对方就很难再有兴致与交谈者继续谈下去了。

牢记自己的对话角色

一个人可能在与朋友交谈时很健谈，但不知道该如何和生活中其他对象谈话。其实，只要我们牢记交谈中自己所处的位置，不"越界"，就可以避免交谈失败。那么如何摆正自己的位置呢？

第一，与领导或上司交谈时，你要牢记自己是他的下级。交谈中要保持谦虚谨慎的态度，对他的意见和决定要表示尊重，如果与上司意见不一致，尽可能用委婉的方式陈述出来，不能狂妄自大，否则会招致上司的反感，使自己的观点不能被采纳。

第二，与资历和经验都比你深的前辈交谈，应该谦虚和小心。不能不懂装懂，否则，对方会认为你浅薄无知，还很虚伪轻狂。相反，与一个资历比你浅、知识比你贫乏的人交谈时，不要过分表现自己的优势，否则，会给对方留下张狂的感觉而敬而远之。

第三，与老人交谈时，要表现出对长辈的尊敬，不能由于他们年老体衰而轻视他们，也不能因为他们可能无法自理，而觉得他们是别人的负担，否则，言语之间流露出这样的念头，对方会很气愤，问你有一天会不会老。

第四，与普通异性朋友交谈时，切不可过分热情。否则，将会让对方误会，或觉得你心怀不良。

第五，与一个爱八卦的人交谈时，如果话题涉及其他人，那你说的话应该是像站在那个人面前说的一样。这样，即便你的话传到了当事人耳中，也不会给你带来太大的影响。

总之，交谈时尊重对方的人格是很重要的。

谈话中的曲线战术

人际交往中，有些事情不好用简单的赞同或者反对来表明自己的观点，这时候，说话就应该委婉，不要一下说死。而难以直接表达的事不妨绕个圈子去说，有时候往往能够起到更好的效果。

首先，有时候直接拒绝别人会让人感到尴尬，这时候不妨旁敲侧击，用委婉的话语表达自己的观点，让对方知难而退。

其次，对可能会影响自己利益的问题，不要仓促做出决定，而应该先用话语试探对方的意思，等明白了对方的观点后再决定。

最后，一些当面说不出口的话，可以用书信或者在电话中做出答复。这种方法可避免直接看到对方尴尬的表情，为以后的来往留下余地。

克服对交谈的恐惧

有的朋友由于不擅辞令而无法恰当表达自己，受到挫折后更封闭自己，口才得不到锻炼，致使恶性循环，产生对交谈的恐惧。如何克服这种恐惧，让交谈变得正常呢?

首先，通过一些身体动作消除自己的紧张心理，生理的调节会对心理产生一定的影响。当说话产生紧张的感觉时，可以试着深呼吸、搓手、舒展四肢、走动等方式转移一下注意力，都可以使卑怯恐惧的心理缓解和消除。

其次，可以用暗示自己的方式进行心理放松。恐惧感是差距感心理夸张的结果，如果能对对方和自己做出准确、客观的认识和评价，就能保持清醒，恢复自信。明白了恐惧的来由是心理夸张的暗示，可以反其道而行之，用自己的优势不断鼓舞自己，建立对自己的信心。

再次，有时候恐惧和自卑的感觉是因为太想表现自己，却无力做到而导致的，这时候，就不要过分要求语出惊人的效果，而注重表达的效果。

当心态平和下来后，就会发现，谈话并不是演讲比赛，能正确地陈述自己的观点想法就可以了，因而也就不会过分紧张了。

最后，利用意志力和责任感来消除卑怯心态。产生恐惧心理后，往往就会想退缩，这就给以后说话带来恶性循环。这时候要有对自己的责任感，把表达己见作为自己的责任，当你在坚持下去的同时，你也就打败了恐惧自卑的心理。

WENMING BURU JIANMIAN

第八章　闻名不如见面

　　记住人家的名字，而且很轻易地叫出来，等于给别人一个巧妙而有效的赞美。

　　　　　　　　　　　　——卡耐基

现代礼仪的距离意识

由于人们交往性质的不同，个体空间的限定范围也有所不同。一般来说，关系越密切，个体空间的范围划得越小。美国人类学家爱德华·霍尔博士根据人们交往关系的不同程度，把个体空间划为四种距离。

一是亲密距离。这种距离是人际交往中最小的间距。处于0~15厘米之间，彼此可以肌肤相触，耳鬓厮磨，属于亲密接触的关系。这是为了做出爱抚、亲吻、拥抱、保护等动作所必需的距离。常发生在爱情、亲友关系之间。如果用不自然的方式或强行进入他人的亲密距离，可被认为对他人的侵犯。处于15~45厘米，这是身体不相接触，但可以用手相互触摸到的距离，如挽臂执手、促膝倾谈等，多半用于兄弟姐妹、亲密朋友之间，是个人身体可以支配的势力圈。而势力圈以眼前为最大，也就是一个人对前方始终保持强烈的势力圈意识，而对自身的两侧和背后关心次之。据这一原理，飞机上、长途汽车上和影剧院都采取长排向前的座位，尽量避免对面的座位，使每个人都拥有一个平均的前方势力圈。

二是个人距离。这种距离较少直接身体接触。处于45~75厘米之间，适合在较为熟悉的人们之间，可以亲切地握手、交谈；或者向他人挑衅也在这个距离中进行。处于75 ~ 120厘米之间，这是双方手腕伸直，可以互触手指的距离，也是个人身体可以支配的势力圈。

三是社交距离。这种距离已经超出亲密或熟悉的人际关系。处于120~210厘米之间，一般是工作场合和公共场所。在现代文明社会，一切复杂的事物几乎都在这个距离里进行。如机关里的领导干部对秘书或下属布置任务，接待因公来访的客人，或进行比较深入的个人洽谈时大多采用这个距离。处于210~360厘米之间，表现为更加正式的交往关系，是会晤、谈判或公事上所采用的距离，首长接见外宾或内宾、大公司的总经理与下属谈话等，由于身份的关系需要与部下之间保持一定的距离。

四是公众距离。这种距离人际沟通大大减小，很难进行直接交谈。处于360 ~ 750厘米之间，这是产生势力圈意识的最大距离。如教室中的教师与学生、小型演讲会的演讲人与听众的距离。所以在讲课和演讲时用手势、动作、表情，以及使用图表、字幕、幻灯等都是为了"拉近距离"，以加强人际传播的效果。处于750厘米以上，在现代社会中，则是在大会堂发言、演讲、戏剧表演、电影放映时与观众保持的距离。

初次见面如何缩短距离

初次见面，交际双方都希望尽快消除生疏感，缩短相互间的感情距离，建立融洽的关系，同时给对方一个良好的印象。那么，怎样通过交谈才能较好地做到这一点呢？

一是通过亲戚、老乡关系来拉近距离。因为这类较为亲密的关系会给人一种温馨的感觉，使交际双方易于建立信任感，甚至有一种惊喜的感觉。故而，若得知与对方有这类关系，寒暄之后，不妨直接讲出，拉近两人的距离，使人一见如故。从人的心理上来讲，每个人的潜意识中都有一种"排他性"，对自己的或跟自己有关的事物往往不自觉表现出更多的兴趣和热情；跟自己无关的则有一定的排斥性。因而在交谈中这类关系的点出就使对方意识到两人其实很"近"。这样，无论对方位在你上或你下，都能较好地形成坦诚相谈的气氛，打通初次见面由于生疏造成的心理上的"设防"。毛泽东同志就常用这种"拉关系"的技巧。中华人民共和国成立后接见民主人士时，凡是与他有点亲戚关系的，以及通过师生、故友的关系有些瓜葛的，往往是刚一见着面，没说两三句话，他就爽直地和盘托出其间丝丝缕缕的关系，在"我们是一家子"的爽朗笑声中，气氛亲热了许多，使被接见者倍感亲切。

二是以感谢方式来加强感情。例如，某大学的一位同学在跟一个高年级学生接触时的头一句话就是："开学时就是你帮我安置床铺的。""是吗？"那个同学惊喜地说。接着两人的话题就打开了，气氛顿时也热乎了许多。那个高年级同学的确帮过我们许多人，不过开学初人多事杂，他也记不得了。而我这个同学则恰到好处地点出了这些，给对方很大的惊喜，也使两人的关系拉近了一层。一般说来，每个人都对自己无意识中给别人很大的帮助感到高兴。见面时若能不失时机地点出，无疑能引起对方的极大兴趣。因此，初次见到曾帮过自己的人时，不妨当面讲出，一方面向对方表示了谢意，另外无形中也加深了两人的感情。

三是从对方的外貌谈起。每个人都对自己的相貌或多或少地感兴趣，恰当地从外貌谈起就是一种很不错的交际方式。有个善于交际的朋友在认识一个不喜言谈的新朋友时，很巧妙地把话题引向这个新朋友的相貌上。"你太像我的一个表兄了，刚才差点把你当作他，你们俩都高个头、白净脸，有一种沉稳之气……穿的衣服也太像了，深蓝色的西服……我真有点分不出你们俩了。""真的？"这个新朋友眼里闪着惊喜的光芒。当然，他们的话匣子都打开了。我们不得不佩服这个朋友谈话的灵活性。他把对方和自己表兄并提，无形中就缩短了两人之间的距离，接着在叙说两人相貌时，又巧妙地给对方以很大的赞扬，因而使这个不喜言谈的新朋友也动了心，愿意与其倾心交谈。

四是剖析对方的名字来引起对方的兴趣。名字不仅是一种代号，在很大程度上更是一个人的象征。初次见面时能说出对方的名字已经不错了，若再对对方的名字进行恰当的剖析，就更上一层楼。譬如一个叫"建领"的朋友，你可以谐音地称道："高屋建瓴，顺江而下，可攻无不克，战无不胜，可谓意味深远呀！"对一位叫"细生"的朋友，可随口吟出"随风潜入夜，润物细无声"。或者用一种算命者的口吻剖析其姓名，引出大富大贵、前途无量之类的话，这也未尝不可。总之，适当地围绕对方的姓名来称道对方不失为一种好方法。

如何致意的礼仪

致意是一种常用的礼节，主要是以动作问候朋友，通常用于相识的人之间在各种场合打招呼。

致意的基本规范：男士应当首先向女士致意，年轻者应当首先向年长者致意，学生应当首先向教师致意，下级应当首先向上级致意。当年轻的女士遇到比自己年纪大得多的男士的时候，应首先向男士致意。

致意包括起立致意、举手致意、点头致意、脱帽致意、欠身致意、微笑致意等。

起立致意常用于较正式场合长者、尊者到来或离去时，在场者应起立表示致意。如正在坐着的下级、晚辈看到刚进屋的上级、长辈也应起立表示自己的敬意。举手致意适于向距离较远的熟人打招呼，一般不必出声，只将右臂伸直掌心朝向对方，轻轻摆一下手即可，不要反复摇动。点头致意适于不宜交谈的场合，如会议、会谈的进行中；与相识者在同一地点多次见面或仅有一面之交者，亦可点头为礼。点头致意的正确做法是头向下微微一动，不可幅度过大，也不必点头不止。欠身致意适用范围较广，表示对他人恭敬。行礼时全身或身体的上部微微向前一躬即可。脱帽致意，朋友、熟人见面，若戴着有檐的帽子，则以脱帽致意最为适宜。其方法是微微欠身用距对方稍远的一只手脱下帽子，将其置于大约与肩平行的位置，同时与对方交换目光。若与朋友相遇并迎面而过，可以回身问一声好，并以一只手轻轻地掀一下帽子，不必将帽子脱下来。如果戴的是无檐帽，不必脱帽，只需欠身致意。注意不可以手插兜。

女士无论在何种场合，不论年龄大小、是否戴帽，只需点头致意或微笑致意。只有遇到上级、长辈、老师、特别钦佩的人的时候，以及见到一群朋友的时候，女士才需要率先向他们致意。

致意的各种方法可以在同一时间内使用一种以上，如点头与微笑、欠身与脱帽均可同时使用。遇到对方向自己致意，应以同样的方式向对方致意，否则是失礼的。致意要注意文雅，一般不要在致意的同时，向对方高声叫喊以免妨碍他人。

在餐厅等场合，若男女双方不十分熟悉，一般男士不必起身走到跟前去致意，在自己座位上欠身致意即可。女士如果愿意，可以走到男士的桌前去致意，此时男士应起身协助女士就座。

在社交场合遇见身份高的熟人，一般不宜立即起身去向对方致意，而应在对方的应酬告一段落之后，再上前致意。

遇见熟人的礼仪

路上若遇见熟人，要主动打招呼，互相问候，不能视而不见，把头扭向一边，擦肩而过。这是最基本的礼貌要求。但也不宜在马路上聊个不停，影响他人走路。

很多人都有这样的感受，就是在路上遇到不很熟悉的异性很觉得尴尬，不打招呼显得不礼貌，打招呼又不太好意思，或怕对方误会。正确的做法应该是，一位女士偶然在路上遇见不很熟悉的男士，理应点头招呼，但不要显得太热情，亦不要用冷冰冰的面孔来点头；一位男士偶然在路上遇见不太相熟的女士，应首先打招呼，但表情不可过分殷勤。

见到很久不见的老朋友，不要大声惊呼，也不要隔着几条马路或隔着人群就大声呼唤，如果边喊边穿马路，那就可能会有危险。寒暄之后，如果还想多谈一会儿，应该靠边一些，避开拥挤的行人，不要站在来往人流中进行攀谈。

两人以上同行遇到熟人时，你应主动介绍一下这些人与你的关系，如"这是我的同事"，但没必要一一介绍，然后应向同伴们介绍一下你的这位熟人，也只要说一下他（她）与你的关系即可，如"这是我的邻居"。被介绍者应相互点头致意。

如果男女两人一同上街，遇到女士的熟朋友，女士可以不把男伴介绍给对方，男士在她俩寒暄时，要自觉地隔开一定距离等候，待女伴说完话后继续一同走；女士对男伴的等候应表示感谢，且与人交谈的时间不可太长，不应该让同伴等很长时间。如果遇到男士的熟朋友，男士应该把女伴介绍给对方，这时女士应向对方点头致意。如果是两对夫妇或两对情侣路遇，相互致意的顺序应是女士们首先互相致意，然后男士们分别向对方的妻子或女友致意，最后才是男士们互相致意。

总的来说，路上遇到熟人，谈话时间不可过长。如果有很多话要说，可以找一个交谈场所，或另约时间、地点继续交谈。

如何打招呼

打招呼是熟人相遇的一种简单见面礼节。在餐厅、剧场等公共场所遇到熟人，应当主动向对方示意、打个招呼，这也是一种有礼貌的表示，显示出友好和善意，也是对别人的尊重。

但在公共场合打招呼应该注意的是，如果两人近距离相遇，可以微笑地寒暄一下，问候一声"最近好吗"；如果离得很远，双方又都看到彼此时，打招呼就不要老远就喊着别人名字了，这样其实挺不礼貌的，既影响其他人，也会弄得对方挺尴尬，反而是失礼了，只需隔着人群以微笑点头向对方示意。

彼此见面时应该打招呼，而离开时打招呼也是同样重要的礼仪。在离开聚会时，应该向组织者打招呼；在离开办公室时，应该向你的老板打招呼；在离开公务活动时，应该向邀请者打招呼；在离开朋友家时，要向主人打招呼；即使在集体聚餐的餐桌上暂时离开打电话或者去洗手间，也应该向旁边的人打招呼。不声不响地离开和见面不理不睬都是非常失礼的行为。

如何寒暄与问候

寒暄，也就是应酬的话。问候，也就是人们相逢之际所打的招呼、所问的安好。在多数情况下，二者都是作为交谈的"开场白"来被使用的。从这个意义讲，二者之间的界限常常难以确定。

寒暄的主要用途，是在人际交往中打破僵局，缩短人际距离，向交谈对象表示自己的敬意，或乐于与其结交之意。所以说，在与他人见面时，若能选用适当的寒暄语，往往会为双方进一步的交谈做良好的铺垫。反之，在本该与对方寒暄几句的时刻却一言不发，则是极其无礼的。

在被介绍给他人之后，应当跟对方寒暄。若只向他点点头，或是只握一下手，通常会被理解为不想与之深谈、不愿与之结交。

碰上熟人，也应当跟他寒暄一两句。若视若不见，不置一词，难免显得自己妄自尊大。

在不同时候，适用的寒暄语各有特点。

跟初次见面的人寒暄，最标准的说法是："你好！""很高兴能认识您！""见到您非常荣幸！"比较文雅一些的话，可以说："久仰！"或者说："幸会！"要想随便一些，也可以说"早听说过您的大名""某某某经常跟我谈起您"，或是"我早就拜读过您的大作""我听过您做的报告"，等等。

跟熟人寒暄，用语则不妨显得亲切一些、具体一些，可以说"好久没见了""又见面了"，也可以讲"你气色不错""您的发型真棒""您的小孙女好可爱呀""今天的风真大""上班去吗"等。

寒暄语不一定具有实质性内容，而且可长可短，需要因人、因时、因地而异，而它却不能不具备简洁、友好与尊重的特征。

寒暄语应当删繁就简，不要过于程式化，像写八股文。例如，两人初次见面，一个说"久闻大名，如雷贯耳，今日得见，三生有幸"，另一个则道"岂敢，岂敢！"，搞得像演出古装戏一样，就大可不必了。

寒暄语应带有友好之意，敬重之心。既不容许敷衍了事般地打哈哈，也不可用以戏弄对方。"来了""瞧您那德行""喂，您又长膘了"等，自然均应禁用。

问候，多见于熟人之间打招呼。西方人爱说："嗨！"中国人则爱问"去哪儿""忙什么""身体怎么样""家人都好吧"。

在商务活动中，也有人为了节省时间，而将寒暄与问候合二为一，以一句"您好"，来一了百了。

问候语具有非常鲜明的民俗性、地域性的特征。问候时要根据各地的习惯具体选用。如中国人常说"吃过饭了吗"，其实质是"你好"，但用之问候外国朋友则不合适。

在阿拉伯人中间，也有一句与"吃过饭没有"异曲同工的问候语："牲口好吗？"你可别生气，人家这样问候您，绝不是拿您当牲口，而是关心您的经济状况如何。在以游牧为主的阿拉伯人中间，还有什么比牲口更重要的呢？问您"牲口好吗？"的确是关心您的日子过得怎么样。

为了避免误解，统一规范，商界人士应以"您好""忙吗"为问候语，最好不要乱说。

牵涉到个人私生活、个人禁忌等方面的话语，最好别拿出来"献丑"。例如，一见面就问候人家"跟朋友吹了没有"，或是"现在还吃不吃中药"，都会令对方反感至极。

握手礼

握手礼是现代人最普通、最常使用的一种见面礼和告别礼，一个人有无教养都通过这个动作体现。

握手时，掌心向下显得傲慢，掌心向上显得谦恭，而伸出双手去捧接对方的手则更是谦恭备至了。握手时应注视对方，并脱下手套。如果因故不能脱掉手套，须向对方说明原因并表示歉意。军人不必，可先行军礼，再握。人多时不可交叉握手。女性彼此见面时可不握手。也不可以长久地握着异性的手不放。男士与女士握手时间要更短一些，用力更轻一些。不要用左手同他人握手。特殊情况下用左手需向人致歉。

最普通的握手方式是会面的双方各自伸出右手，手掌均呈垂直状态，然后五指并用，稍许一握，时间以1~3秒钟为宜。此时需要双眼注视对方，含笑致意。握手时，上身要略向前倾，头要微低一些。

握手的规则：男士、晚辈、学生、下级客人见到女士、长辈、老师、上级、主人时，应当先行问候，待后者伸出手来之后，再向前握手。如一个人同许多人握手，最礼貌的顺序：先女士后男士、先长辈后晚辈、先老师后学生、先上级后下级。女士若不打算与向自己首先问候的人握手，可以欠身致意。

亲吻与拥抱礼

亲吻礼。多见于西方、东欧、阿拉伯国家，是亲人以及亲密的朋友间表示亲昵、慰问、爱抚的一种礼节，通常是在受礼者脸上或额上接一个吻。亲吻在中国只属于夫妇或情侣之间的专利，对他人不适用，这点要注意。

西方的亲吻礼方式为：父母与子女之间的亲脸，亲额头；兄弟姐妹、平辈亲友是贴面颊；亲人、熟人之间是拥抱，亲脸，贴面颊；在公共场合，关系亲近的妇女之间是亲脸，男女之间是贴面颊，男士对女士表示敬意也可吻手，长辈对晚辈一般是亲额头，只有情人或夫妻之间才吻嘴。

行亲吻礼时，动作要轻快，勿过重过长或出声；要注意口腔清洁无异味，不要把唾沫弄在对方脸上、额上或手背上；如果不是特殊关系和特殊场合，年轻、地位低者，不要急于抢先施亲吻礼。

亲吻与拥抱是西方两种日常的表示亲密、热情和友好的礼节，在迎客、庆典等隆重场合，大都以拥抱作为见面或告别时的礼节。

拥抱礼是流行于欧美的一种礼节，通常与接吻礼同时进行。拥抱礼行礼方法：两人相对而立，右臂向上，左臂向下；右手挟对方左后肩，左手挟对方右后腰。据各自方位，双方头部及上身均向左相互拥抱，然后再向右拥抱，最后再次向左拥抱，礼毕。

吻手礼

吻手礼即男士亲吻女士的手背或手指。在古时的西方国家，在上流社会中，向女士行吻手礼是极为流行的，男子同上层社会贵族妇女相见时，如果女方先伸出手做下垂式，男方则可将指尖轻轻提起吻之；但如果女方不伸手表示，则不吻。如女方地位较高，男士要屈一膝做半跪式，再提手吻之。此礼在英、法两国最流行。现在成为在社交场合，西方的男士对女士的极为有礼貌的一种礼仪。

同时吻手礼有一些具体要求。

第一，行吻手礼的对象。吻手礼仅限于男士对自己特别敬重和爱戴的已婚妇女表示崇高的敬意，一般适用于对祖母、母亲、夫人、已婚姐妹，朋友、上司的夫人等。

第二，行吻手礼的场合要求。此礼仅限于室内使用，不可以在街道上行吻手礼。

第三，行吻手礼的方式。男士行至女士面前，立正垂首致意。然后以右手或双手轻轻抬起女士的右手，并俯身弯腰使自己的嘴唇靠近女士的右手，接着再用微闭的双唇，象征性地去轻轻触及一下女士的手背或手指。轻吻的部位只能是女士的手背或手指，绝不能去吻女士的手腕或裸露的肩膀。吻也只是象征性轻触。吻手的时候要干净利索，不出声响。咂咂作响或把唾液留在女士手背上是失礼的。

第四，行吻手礼的条件是，要征得女士的同意。男士在社交场合，来到女士面前以垂首致意，女士若将右臂微微抬起，是准许男士行吻手礼的暗示。若女士无此表示或双手戴手套，强行行吻手礼的男士是失礼的。女士应自谦，不能随便暗示别人向自己行吻手礼。

合十礼

合十礼又称合掌礼，流行于南亚和东南亚信奉佛教的国家。这原是佛教徒的一种见面方式，方法是把两个手掌在胸前对合，五指并拢向上，掌尖和鼻尖基本平视，手掌向外侧倾斜，微微欠身低头，面带微笑。一般来说，手合得越高，越表示对对方的尊敬，但不能高过眼睛。

例如你初到泰国，当别人向你合十致意的时候，你也一定要合十回敬。合十礼之后不需要有其他的礼节。泰国有男女授受不亲的风俗，所以男女之间一般不握手。但政府官员和知识分子都有握手习惯。在泰国，和尚见任何人包括见泰王和王后都可以点头微笑还合十礼。

在印度，主客见面也是双手合十。但在印度东南部，有些民族有些特殊的见面礼。即把鼻子和嘴紧紧贴在客人面颊上，并使劲吸气，嘴里不停地说："嗅—嗅我！"

总之，在国际交往中，我们一般不主动实行这样的礼仪，但是当有人用这种礼节向我们行礼，我们应礼貌地以合十还礼。

鞠躬礼

鞠躬礼是人们在生活中对别人表示恭敬的一种礼节，既适用于庄严肃穆、喜庆欢乐的仪式，也适用于一般的社交场合。在一般的社交场合，晚辈对长辈、学生对老师、下级对上级、表演者对观众等都可行鞠躬礼。领奖人上台领奖时，向授奖者及全体与会者鞠躬行礼；演员谢幕时，对观众的掌声常以鞠躬致谢；演讲者也用鞠躬来表示对听众的敬意。行鞠躬礼时，须脱帽、呈立正姿势，脸带笑容，目视受礼者。男士双手自然下垂，贴放于身体两侧裤线处，女士的双手下垂搭放在腹前。然后上身前倾弯腰，下弯的幅度可根据施礼对象和场合决定鞠躬的度数。一般 60

度，而 90 度大鞠躬常用于特殊情况。

鞠躬礼在东南亚一些国家较为盛行，如日本、朝鲜等。所以，在接待这些国家的外宾时，可以鞠躬礼致意。

行鞠躬礼一般有三项礼仪准则：一是受鞠躬应还以鞠躬礼；二是地位较低的人要先鞠躬；三是地位较低的人鞠躬要相对深一些。

特别是在日本，这是他们的见面礼节，是一种郑重其事的表达方式，表示对他人尊重和敬佩。弯身程度不同，行鞠躬礼时双手下垂的程度不同，所表达的尊敬程度都不相同。

怎样正确地做介绍

双方见面后，宾主就应相互介绍。介绍分为自我介绍，为宾、主双方充当介绍人和被第三者介绍给对方三种情况。在无第三者的情况下要进行自我介绍，其常用语言是："我叫 ×××，在某单位工作。""恕我冒昧，我是某某单位的 ×××。""您就叫我 ××× 好了。"如果一方是两人以上，则由身份最高者出面做自我介绍，然后再将其他人员按一定顺序一一介绍给对方。

为宾、主充当介绍人，应按一定顺序进行介绍。一般是，先将主人介绍给客人，先把年轻的介绍给年长的，先把男士介绍给女士，以示对客人、年长者和女士的尊重。

被第三者介绍给对方时，要说"您好""久仰久仰"或"见到您非常高兴"，并主动握手或点头示意，表示友善、创造良好气氛。

有些国家（如日本）的客人习惯于以交换名片来介绍自己的姓名和身份，这样双方见面时，只需将自己的名片恭敬地递给对方即可。

若宾主早已相识，则不必介绍，双方直接行见面礼就可以了。

在双方介绍时，如遇有外宾主动与我方人员拥抱时，我方人员可做相应的表示，万不可推却或冷淡处之。

有时当你向他人介绍朋友，会有突然忘记对方姓名之尴尬，此时你已不能回头，已无法掩饰，最好的方法就是自我调侃一下："唉！我最近怎么老是脑筋不清不楚，不过这两位若不介意，能否自我认识一下？"

自我介绍时若无适当的人当桥梁向他人介绍自己时，你亦不妨自行驱前把自己介绍给他人认识，但要记得的是，不要打断他人的谈话，在介绍时也须愉悦地把自己的姓名以及与主人的关系向他人介绍清楚。

第一印象往往是最重要的，以介绍为桥梁，与他人建构起友谊之链，从而丰富双方的人生，扩大一己之视野，但在介绍初时能否在他人心中留下深刻及良好之印象，为以后再度相逢留下理由，确实不可轻忽。

介绍的禁忌

在介绍时，应尽量避免不得体的做法。主人应把主宾介绍给所有其他的宾客，否则是失礼的表现。把应该介绍的宾客遗漏，也是失礼的行为。介绍外国人时，应该避免在引见时只介绍名而不介绍姓，这种介绍不仅会引起混淆，甚至带有一点侮辱性，好像被介绍人的姓氏不屑一问。介绍时切忌用命令的口吻进行介绍。如"史密斯先生见见我的同事马克先生"，又如"詹姆士教授，来认识我的父亲乔治先生"，或者"李先生，和张先生握手"。也切勿随便把一个一般交情的人介绍为"我的朋友"，除非你们的亲密友谊众所周知。否则，言外之意就是说另一方不是你的朋友。你可以介绍"我的同事、我的同学、我的邻居、我的姐姐或我的亲戚"等。要避免重复介绍你所要介绍的双方的名字。例如，对马克先生说"马克先生，布朗夫人"，又对布朗夫人说"布朗夫人，马克先生"。只介绍一次双方的名字就足矣，除非外国姓名不易听懂。当你在晚会上想结识某人，而旁边又无人引见时，切忌冒冒失失地去问："你叫什么名字？"这种行为极为唐突，也很不礼貌。应该首先自报姓名，若仍不能使对方做自我介绍的话，也不必再问，可以事后设法找人打听。

敬语的使用

　　敬语主要指的是在人际交往活动中蕴含着的对他人表示敬重、礼让、客气等内容的语言表达方式。敬语是谈吐文雅的重要体现，是展示谈话人风度和魅力的必不可少的基本要素之一，是尊重他人并获得他人尊重的必要条件，是人际交往达到和谐融洽境界的推动因素。一般而言，敬语的类型可归结为以下几种。

一是问候型敬语。即人们彼此相见相互问候时使用的敬语，通常有"您好""早上好""久违了"等。问候型敬语的使用既表示尊重，显示亲切，给予友情，而且也充分体现了说话者有教养、有风度、有礼貌。

二是请求型敬语。即在请求别人帮忙时所使用的一类敬语，这类敬语通常有"请""劳驾""请多关照""承蒙关照""拜托"等多种不同表达方式。

三是道谢型敬语。即当自己在得到他人帮助、支持、关照、尊敬、夸奖之后表达谢意时所使用的敬语，这类敬语最简洁、及时而有效的表达就是由衷地道一声"谢谢"。除此之外，属于这种类型的敬语还有"承蒙夸奖、不胜荣幸""承蒙提携"等。

四是致歉型敬语。当自己的行为对他人造成伤害或消极影响时，最平常的致歉型敬语有："对不起""请多包涵""打扰您了""给您添麻烦了""非常抱歉"等。

在人际交往活动中，敬语的使用是非常普遍的，除了上述四种类型外，在这样一些场合下也常用敬语：如等待客人说"恭候"，请人勿送说"留步"，陪伴朋友说"奉陪"，中途先走说"失陪"，向人道贺用"恭喜"，赞赏见解用"高见"，欢迎消费者用"光顾"，谈及老人年岁用"高寿"，称小姐年龄用"芳龄"，说他人来信为"惠书"……但是不管运用何种敬语，在表达上都要注意以下几点。首先敬语的使用要本着诚心诚意的原则，不能只是形式上的应付或敷衍塞责。其次要根据不同对象、不同场合、不同氛围灵活运用敬语，既要体现出彬彬有礼，又要不落俗套。再次使用敬语时还应认真、直截了当，不要含糊不清，同时还要注意对方的反应，并辅之以必要的体态语言。总之要力求通过敬语的表达使人际交往在人们心里产生反响和共鸣，达到感情的进一步交流。

见面时的称呼礼仪

称呼是指人们在正常交往应酬中，彼此之间所采用的称谓语，在日常生活中，称呼应当亲切、准确、合乎常规。正确恰当的称呼，体现了对对方的尊敬或亲密程度，同时也反映了自身的文化素质。

对自己的亲属，一般应按约定俗成的称谓称呼，但有时为了表示亲切，不必拘泥于称谓的标准。如对公公、婆婆、岳父、岳母都可称为爸爸妈妈。亲家间为表示亲密、不见外，也可按小辈的称呼来称呼对方。但对外人称呼自己的亲属，要用谦称。称自己长辈和年龄大于自己的亲属，可加"家"字，如家父、家母、家兄等。称辈分低的或年龄小于自己的亲属，可加"舍"字，如舍弟、舍妹、舍侄等。至于称自己的子女，可称小儿、小女。

称呼他人的亲属，要用敬称。一般可在称呼前加"令"字，如令尊、令堂、令郎、令爱等。对其长辈，也可加"尊"字，如尊叔、尊祖父等。

朋友、熟人间的称呼，既要亲切友好，又要不失敬意，一般可通称为"你、您"，或视年龄大小在姓氏前加"老、小"相称，如老王、小李。

对有身份者或长者，可用先生相称，也可在先生前冠以姓氏。对德高望重的长者，可在其姓氏后加"老"或"公"，如郭老、夏公，以示尊敬。

在工作岗位上，为了表示庄重、尊敬可按职业相称，如老师、师傅等。也可以职务、职称、学衔相称，如周处长、陈经理、主任、博士等。

在社交场合，对陌生人的称呼，男子不论婚否，可统称为先生。女子则根据婚姻状况而定，对已婚的女子称夫人、太太或女士，对未婚的女子称小姐。如不明其婚姻状况，以称小姐、女士为宜。对教育界、文艺界新相识的人都可敬称为老师。

在非正式场合或向陌生人问询时，为表示亲近可以亲属的称谓称呼对方，如叔叔、阿姨、老伯伯、老奶奶、阿公、阿婆等。

在我国，不论对何种职业、年龄、地位的人都可称作同志。但要注意，港、澳、台地区的朋友见面时一般不用此称呼。

国际交往的称呼礼仪

在国际交往中，一般对男子称"先生"，对女子称"夫人、女士、小姐"。已婚女子称"夫人"，未婚女子统称"小姐"，不了解婚姻情况的女子可称"小姐"。这些称呼均可冠以姓名、职称、头衔等，如"布莱克先生""议员先生""市长先生""上校先生""玛丽小姐""秘书小姐""护士小姐""怀特夫人"等。

对地位高的官方人士，一般为部长以上的高级官员，按国家情况称

"阁下"、职衔或"先生"。如"部长阁下""总统阁下""主席先生阁下""总理阁下""总理先生阁下""大使先生阁下"等。但美国、墨西哥、德国等国没有称"阁下"的习惯，因此在这些国家可称先生。

君主制国家，按习惯称国王、皇后为"陛下"，称王子、公主、亲王等为"殿下"。对有公、侯、伯、子、男等爵位的人士既可称爵位，也可称"阁下"，一般也称"先生"。

对医生、教授、法官、律师以及有博士等学位的人士，均可单独称"医生""教授""法官""律师""博士"等。同时可以加上姓氏，也可加"先生"。如"卡特教授""法官先生""律师先生"。

对军人一般称军衔，或军衔加"先生"，知道姓名的可冠以姓与名，如"上校先生""莫利少校""维尔斯中尉先生"等。有的国家对将军、元帅等高级军官称"阁下"。

对服务人员一般称"服务员"，如知道姓名的可单独称名字。但现在很多国家越来越多地称服务员为"先生""夫人""小姐"。对教会中的神职人员，一般可称教会的职称，或姓名加职称，或职称加"先生"。如"福特神父""传教士先生""牧师先生"等。有时主教以上的神职人员也可称"阁下"。

凡有"同志"相称的国家，对各种人员均可称"同志"，有职衔的可加职衔。如"主席同志""议长同志""大使同志""秘书同志""上校同志""司机同志""服务员同志"等，或姓名加"同志"。有的国家还习惯称呼，如称"公民"等。在日本对妇女一般称"女士、小姐"，对身分高的也称"先生"，如"岛京子先生"。

称呼礼仪的误区

正确、适当的称呼不仅反映着自身的教养、对对方尊重的程度，甚至还体现着双方关系达到的程度和社会风尚。务必注意：一是要合乎常规，二是要入乡随俗。

另外，还应对生活中的称呼、工作中的称呼、外交中的称呼、称呼的禁忌细心掌握，认真区别。

生活中的称呼应当亲切、自然、准确、合理。

在工作岗位上，人们彼此之间的称呼是有特殊性的，要求庄重、正式、规范。以交往对象的职务、职称相称，这是一种最常见的称呼方法。比如"张经理""李局长"。

在国际交往中，因为国情、民族、宗教、文化背景的不同，称呼就显得千差万别。一是要掌握一般性规律，二是要注意国别差异。

在政务交往中，常见的称呼除"先生""小姐""女士"外，还有两种方法，一是称呼职务（对军界人士，可以以军衔相称），二是对地位较高的称呼"阁下"。教授、法官、律师、医生、博士，因为他们在社会中很受尊重，可以直接作为称呼。

在英国、美国、加拿大、澳大利亚、新西兰等讲英语的国家里，姓名一般由两个部分构成，通常名字在前，姓氏在后。对于关系密切的，不论辈分都可以直呼其名而不称姓。

俄罗斯人的姓名有本名、父名和姓氏三个部分。妇女婚前使用父姓，婚后用夫姓，本名和父名通常不变。

日本人的姓名排列和我们一样，不同的是姓名字数较多。日本妇女婚前使用父姓，婚后使用夫姓，本名不变。

称呼的五个禁忌

我们在使用称呼时，一定要避免下面几种失敬的做法。

一是错误的称呼。常见的错误称呼无非就是误读或是误会。误读也就是念错姓名。为了避免这种情况的发生，对于不认识的字，事先要有所准备；如果是临时遇到，就要谦虚请教。误会，主要是对被称呼者的年纪、辈分、婚否以及与其他人的关系做出了错误判断。比如，将未婚妇女称为"夫人"，就属于误会。相对年轻的女性，都可以称为"小姐"，这样对方也乐意听。

二是使用不通行的称呼。有些称呼，具有一定的地域性，比如山东人喜欢称呼"伙计"，但南方人听来"伙计"肯定是"打工仔"。中国人把配偶经常称为"爱人"，但在外国人的意识里，"爱人"是"第三者"的意思。

三是使用不当的称呼。工人可以称呼为"师傅",道士、和尚、尼姑可以称为"出家人"。但如果用这些来称呼其他人,没准还会让对方产生自己被贬低的感觉。

四是使用庸俗的称呼。有些称呼在正式场合不适合使用。例如,"兄弟""哥们儿"等一类的称呼,虽然听起来亲切,但显得档次不高。

五是称呼外号。对于关系一般的,不要自作主张给对方起外号,更不能用道听途说来的外号去称呼对方,也不能随便拿别人的姓名乱开玩笑。

名片的使用

名片应该放在专用的名片盒或名片夹之中,并且放在西服的口袋里随身携带。有人常把自己的名片放在衣服的口袋里或钱包里,这是不正确的。把自己的和他人的名片都放在专用的名片夹中,既方便查找又显示尊重他人。

人们在交往中普遍地使用名片,主要用于自我介绍和建立联系中。在交际中,经介绍与他人认识以后,应立即取出身上带着的名片,双手捧交给对方。如若你是收取名片的一方,在别人给你名片以后,应迅速递上自己的名片。若没有带,则应道歉。不管是收到名片还是送名片都不可随便放在桌子上,由对方自取。

接受他人的名片时,应当恭敬地用双手捧接,并道声感谢,使对方感受到你对他的尊重。接过别人当面递上的名片后，一定要仔细地看一遍，不懂之处立即请教。或者有意识地重复一下名片上所列的对方的姓名与职务，以示仰慕。绝不可以一只手去接别人递上的名片，也不可以不看一眼就把它放进口袋里。

如果是介绍人出于礼貌只给双方做了简单的介绍，双方又均无深交之意，那么不需要交换名片，相互点头致意或握手为礼即可。倘若一次同许多人交换名片，并且都是初交，那么最好依照座次来交换，记好名字。如果想向别人索要名片，不要直截了当地做出请求而应含蓄地向对方仔细地询问姓名、单位、地址、电话等，别人是会领会你的意思并愿意给你名片的。

第九章

SHENGHUOZHONG DE SHEJIAO LIYI
生活中的社交礼仪

在人与人的交往中，礼仪越周到越保险，运气也越好。

——卡莱尔

社交中的注意事项

首先，要尊重他人的隐私。和别人交谈的过程中要注意把握分寸，要看场合，随便询问探听对方的私生活状况，诸如个人的家庭、婚姻、储蓄等情况，都是十分不礼貌的行为，容易招致他人的厌恶。

其次，要保持一个文明高雅的内外在形象。背后议论他人，讲第三者坏话，会被对方认为你是个好拨弄是非的人，对你产生戒备之心。社交待人态度要温和、热情、诚恳、有人情味，如果自恃清高，态度冷漠，就会使人难堪，望而生厌。戒卑躬屈膝、矫揉造作。有些交际圆滑的人，有求于对方，或觉得对方有权势地位，便要出阿谀奉承的手段，使人产生不良印象。社交活动要保持仪表整洁，如果不修边幅、衣装不整、帽子歪戴，就会给人一个很不好的印象。

最后，要守信用。与人交往，要遵守诺言，如果满口答应给人办事结果不办，便会失去别人的信赖，影响友谊。由于人的情趣、修养、性格各有不同，凡属生活小节问题不妨迁就谋合；一时自己见解有误，应谦逊倾听别人意见。若固执己见，就会孤立自己。

许愿要量力而为

人们在社会交往中常对别人许愿，恰当的许愿在实现承诺后会让人对你的信任增加，提高自己言语的威信。但不恰当的许愿往往会带来相反的效果。如果轻易许下无法实现的诺言，当期限到来、真相大白天下的时候，就威信扫地了。所以许愿也要讲究方法。

首先，当遇到自己很确定能搞定的事情时，不妨把话说得坚决一些，许下诺言，这样，会给人留下非常自信果断的感觉，对鼓舞士气起到极大作用。

其次，对自己无法保证能否完成的任务，不要把话说得太死，给自己留下一点余地，但也要表明自己的真诚和努力，这样如果能够完成任务，也会给他人留下办事稳重的印象，获得他人的信任。不过这种许愿的缺点就是对调动积极性的效果要差一些。

最后，对比较长期的工作，可以在许愿实现的期限上给自己留下余地。对有些变数很多的事情，可以分别对不同的变化许下单独的诺言，总的原则就是量力而为，不要超出自己的能力范围许下空头诺言。

有信用的人才会有朋友

市场经济的今天，人与人之间的交往相对来说更为频繁，而在这个过程中，诚信和信用无疑是交流和沟通双方最为看重的品质，为人处世，"信用"非常重要。想要获得他人的信任，自己就必须做到言而有信。言而无信，无形中就会丧失很多可能成功的机会，不讲信用的人，是不值得交往的。

说话要严守信誉，不食言。说话要负责，做不到的事不可轻易许诺。说话办事要给自己留有余地，有把握做到的事也不可大包大揽，一旦许诺就要千方百计不遗余力地去做到，如经努力确实做不到了，就应诚恳地向人说明原因，绝不能一味敷衍搪塞。

与人交往，以诚相待应注意以下几点。

第一，不要干涉别人的隐私。虽然说朋友之间可以敞开心扉，无话不谈，共同分享快乐和痛苦，但这并不意味着个人应该把自己的一切都公之于众，只要不违背法律和公众道德，不损害他人的利益和侵犯他人的权利，这种隐私应该得到尊重和保护。

第二，对待听闻的事情不要主观臆断、妄加猜测。对待自己不明真相的事情，不可捕风捉影、道听途说。现今社会上确有不少人听风是雨，无事生非，传散谣言，这些都是不健康的心理因素作怪，其结造成人与人之间的矛盾激化。对于这种现象，道德高尚的人应该坚决抵制，不让其蔓延。

第三，要真诚待人，对朋友的过失不能幸灾乐祸。患难之交才是真正的朋友，人非圣人，孰能无过，在朋友遇到困难和挫折时，伸出友善之手，积极帮助，善言相劝，使他迷途知返，这才是真正的朋友。把朋友的错误当作茶余饭后的谈资，甚至添油加醋、捕风捉影，把朋友推上更为难堪的境地并非友好之举，会导致友情的直接破裂，于人于己都不会产生好的结果。

女士优先的原则

女士优先原则是从西方国家传过来的礼仪，来源于法国，法国一向以男士的绅士风度著称。该礼节的核心精神是要求男士在任何时候、任何情况下，都要在行动的各方面尊重妇女、照顾妇女、帮助妇女、保护妇女。

第一，同行的男女外出且条件不允许并行时，男士应让女士先行，但是遇到障碍和危险时，男士要积极主动地走在女士前边，为其开道，保护安全。

第二，在街上并行时，男士应走在女士的左边，即走在最危险的一侧，保护女士，以防女士被车辆所惊吓。

第三，陪同女士乘坐公共汽车或火车时，男士应当首先登车，设法为女士找一个座位，然后自己寻找一个靠近她的座位，如果没有则应站在她的附近，以便照顾。而在车上有座的男士一般要向站在身边的女士让座。

第四，陪伴女士时，男士不应吸烟。要考虑女士的健康。

第五，参加社交聚会，男宾应先向女主人问好，再向男主人打招呼。女宾入室，先到达的男士应起立迎接。男士绝对不能坐着同站立的女士交谈，与陌生的女士交谈要有分寸。

第六，出外用餐，男士应先帮女士入座。即先将椅子从桌下拉出来，待女士就座时再轻轻把它移向餐桌，然后自己坐在女士左侧或对面。点菜时，应先把菜单递给女士，请她先点。身边的女士已经进餐，男士才可以再行进餐。

第七，同女士一起外出，应主动帮她提携背包、文件以及外衣或沉重的物品，但不要要求帮她拎随身的小包，因为其中通常装着妇女用品，这属于个人的私人物品。

第八，如果男士为女士效劳遭到再三的拒绝，则男士不必勉强。女士之所以这样做，一定会有理由，执意去帮则易产生误会。

尊老爱幼的原则

自古以来中国就尊奉尊老爱幼的道德标准，作为现代社会的文明人，更应当尊老爱幼。尊敬老人，就是尊敬我们的过去；爱护孩子，就是爱护我们的未来。古人就曾用"老吾老，以及人之老，幼吾幼，以及人之幼"的教导来劝诫后人。

尊敬老人表现在以下几点。首先，在言语上，同老年人谈话要毕恭毕敬，语言文明，并且面向老人，双目直视，洗耳恭听，双手自然垂下。稍有心不在焉或目光他顾，都是失礼的。发生争执或纠纷时，在场的老年人的劝解和评判，都被认为是公正的和必须遵从的，与其无理争辩，一定不会引起他人的同情。

其次是举动，任何事情都要以老人为先，要照顾老人。例如，在公共汽车上和火车上，给老人让座是天经地义的。上车和下车时，搀扶行动迟缓的老年人也是每个年轻人的义务。在街头，行驶的汽车必须为正在通过人行横道的老年人停下来。在这类场合推搡、辱骂或同老年人争抢座位和道路是绝对不允许的，也是会被人唾骂的。

对孩子的爱护是人类的天性。西方对孩子的爱护侧重于尊重孩子和培养其独立性，我国对孩子的爱护则一方面是严加管教，一方面是过分娇惯。

例如，国外孩子刚刚能站立，刚会走路，就被要求自己走，摔倒了也不会有人扶。自己跌倒了自己爬起来，强调的是培养孩子的自生自立能力。另一方面，是培养孩子的自尊心，也不干涉其私事，父母孩子之间更多的是朋友与伙伴关系。国外父母还强调以自己有教养的言行为孩子树立榜样。

帮助残疾人的原则

帮助残疾人的礼节的主要精神，不是要同情弱者，也非仅仅是不歧视残疾人，更为重要的是要求尊重、关心和照顾残疾人，帮助他自立自强。

对残疾人的尊重应主要体现在：除了医生的例行治疗和检查，任何人不要对残疾人谈论其残疾的成因与现状，最好也不要私下议论这些事，为残疾人担忧、遗憾和不平也要不得，让一个残疾人时时刻刻不忘记他的残疾，无疑对他是一种精神折磨。

即使对残疾人提供特殊的帮助和服务，是因为他的行动不便，要用正常的心态对待，不是因为他是一个残疾人才这样帮助他的，也绝不能向他特别点明。还有在同残疾人交往的一切场合中，要小心谨慎，避免使用"残疾人"这样一种称呼。所做的一切的目的是使残疾人真正感受到他与正常人是一样平等的，他也是一个正常人，只要他尽心尽力，也能够做到正常人做到的一切。

在行人较多的路段，不论行动迟缓的残疾人身后挡住多少人，都要有耐心，都不准许发出不满之声或同残疾人争抢道路。

在一切场合，不允许像观看异类一样围观过往的残疾人，不能对行动不便、相貌奇特的残疾人指指点点，也不能许可自己不懂事的孩子这样做。

通过马路、上下楼梯时，每个人都应当责无旁贷地去帮助残疾人。不过如果残疾人拒绝了你的帮助，并表明他对此是力所能及的话，则不要勉强。对于经过努力仍做不到的残疾人要真诚地帮助，要小心他的自尊心。

遵守约会时间

约会，就是人们预先约定的会晤。不遵守约会时间，就是不尊重他人的表现。因此，遵守约会，于谈话有直接的效果。

在快节奏的现代社会，浪费了他人的时间，等于谋害他人的生命，而不遵守约会就是严重地浪费他人的生命。树立严格的时间观念是十分必要的。

与他人约会前，要提前约好明确的会晤时间和地点，以节省寻找地点的时间，不会产生因寻找地点耽误了时间的情况。对于约会要极其重视，不能忘记或记错约会的时间和地点。无故失约，是对他人最大的不尊重。稍许的迟到，也是不应该出现的。

约会是双方协商而定的，所以谈论约会时，提出者的语气应平缓、和蔼，不可用好像要直接给对方下达约会指令的语气，有把自己的意愿强加给对方的意味。如果需要拒绝或延误约会时，应说明不能赴约的理由，不要使对方感觉到受了轻视而不快，注意不要伤害他人的自尊心。

如果敲定了约会的时间和地点，就要按时赴约。主约人因为需要提前做好必要准备，所以要早一些到达约会地点。没有特殊情况，不能擅自、轻易地变动约会的时间与地点。如实在需要变动，应提前向对方提出更改并说明原因，致以歉意。然后由对方根据他的时间，商量新的约会时间与地点。

虽然在约会时，迟到是失礼的表现，但是作为被约人早到，同样也是失礼的。因为早到可能主人尚未准备完毕，造成主人的尴尬。虽然有可能是交通工具等因素导致早到或晚到，但这个因素是你出发时就要考虑在内的，也不能作为理所当然的理由，只有按时到达，才是最礼貌的。

当确有原因失约或迟到的一方致歉后，另一方要表现得宽容和体谅，并且在对方说明原因后，安慰对方，然后双方再在融洽的气氛中谈话。

待客的礼节

不同的民族和不同的国家都有不同的待客之道，中国人一向是以热情著称的。接待客人也是一门艺术，它要求讲究礼节，考虑周全，面面俱到。

如果客人有提前的通知，主人应事先有所准备，包括打扫室内卫生，准备好烟酒茶饭，并注意换上正装，修饰仪表。身为女主人，更应精心打扮，家人也要给予合作。主人也要提前与家人商议，例如不要让年幼的孩子去纠缠客人。成年的家人之间，言行要检点，也不要当着客人的面拌嘴，以免产生误解。

对待客人不宜过于客套，会让客人觉得不舒服，贯穿于待客的整个过程之中的是尊敬与体贴。远道而来的客人，夫妇应共同前去迎接，并将家人一一给予介绍。

如果客人是不期而至，无论多忙，也都要表示热情欢迎和接待，微笑着握手问候。若家人尚需整理室内卫生，应请客人在门外小候，但不要过度冷漠，不要冷落了客人。

若客人没打招呼直接进入室内，应立即起立表示欢迎，示意客人就座，不要先责怪对方无礼。

与客人谈话态度要诚恳，不要显出厌倦或不耐烦的样子，让客人很尴尬，觉得自己不受欢迎。如客人到达时还有其他客人，且双方互不相识，主人要主动代为介绍。

如果家中的客人不是自己的客人，有礼貌地见过面、打招呼或是问好之后，即可告退，没有必要陪同始终。

如果客人需在家中留宿，事先要做充分准备，在此期间可以陪客人在家的附近进行一些参观、游览。

客人在座谈话时不要频频看表，如果有急事可道歉后先行告别，让家人照顾客人。

当客人告辞时，应一一与之握手告别，将客人送至门外，并道"欢迎再来"。对第一次来的客人，还要主动介绍或安排对方回去的交通工具和交通路线。

会客的礼节

在拜访朋友的时候，时间和地点上要客随主便。有的人不喜欢在办公期间接待私人朋友，有的人不愿在家待客。

拜访朋友应事先约定，并准时到达。在凌晨、深夜等休息时间，或用餐时间，不宜突然到访；不要因为自己随便去别人的家里看看，而打乱人家的全部安排，这也是很不礼貌的。节假日期间办公室人员难得的假期，属于私人的休息期间，难得轻松，不要打扰。

做客之前要穿戴整齐，个人的形象整洁大方。在到达主人家后，先征得主人同意后方可进入，绝对禁止直接推门而入。这样的举动太过鲁莽，可以在进门之前敲门或按门铃，但是敲门的声音不要太大，不要像砸门一样，按门铃不要过于频繁，也不要时间太长。主人开门之后，要从主人的行动确认是否同意自己入室拜访，如果未邀入室，不要擅自进入室内，主人若没请客人就座，则表明不打算留客，客人应该及时地领会，退到门外，长话短说，进行简短交谈后离去。

在普通朋友家，客人不要乱动主人的私人物品和摆设，也不能很随便地乱脱、乱扔衣服，像在自己家里一样，不要以自己的好恶和眼光评论主人家中的装饰和陈设。

在拜访时可以带给主人一些小礼物，例如，可以给主人家里的老人或孩子买一点小礼物，但不宜过于贵重，只是表示心意。送出礼物时要态度大大方方。在主人的家人面前送礼物，不要私底下偷送给某一位，特别是客人是男士，更要在主人夫妇的面前递上礼物。只将礼物塞给女主人，是很不礼貌的事。

不要带很小的孩子去做客，这样很不方便，容易弄脏和弄乱主人的家。做客时要大大方方、诚恳自然，要讲究卫生，不要把别人的屋里弄得烟雾腾腾，也不要在主人卧室里乱躺。

不要影响主人的休息，所以若无要事不要逗留太久，最好不要在主人家里过夜。辞行时要感谢主人的接待。

去拜访异性朋友要在白天，并且有人同往，已婚者可携伴侣同去，以免别人误会。

送客的礼仪和艺术

首先,客人告辞时,如果正到进餐时间,应挽留客人与家人一起进餐,若客人执意离开,则应该告诉家人,并一起热情相送。切不要自己坐着不动,或只欠欠身子,或者叫妻子(丈夫)及无关者代送,这样会使客人觉得你摆架子。

其次,送客最好送到门口,目送客人远去,然后轻轻关上门。切忌不等客人刚走几步就"砰"地关上门,让客人误解主人对此行不满。不应该在客人没走完或没走远时,就和别人议论客人,无论内容是好是坏。分别时,应和客人说"再见""谢谢您的光临"之类的话语,以表示自己的热情。

最后,如果需要送客人到车站、机场等,不应把客人撂在那里就回去,而应将客人一直送上车或飞机,并目送车或飞机离去再离开。送客也要适度,不要送了一程又一程,反过来让客人再送你。要选择适宜的分手场合,不失时机地道出"欢迎再来做客"的话语,表示自己送到此地为止,双方要分手了。

一般来说,对饮酒的客人要力劝其休息后再离开,如客人确需马上离开,一定要再三叮嘱客人路上千万要当心,要注意行车安全。

做客之前要预先通知

在新春佳节到来的时候，带上一点"薄礼"去走亲访友几乎是每个人在春节假期中的必修亲情科目。我们是带着诚意与祝福去的，可是却不一定能让主人心怀感激，因为，有时候做客时的失礼行为能让你的"善心"大打折扣。

尽管我们在拜年时是带着一种祝福的善意去登门的，但我们毕竟是客人，需要尊重主人的建议，因此，我们在做客、拜年的时候也必须遵循这个文明时代的做客礼仪，不合时宜的到访反倒会让主人为难。

由于在过年期间，大家都对自己的假期有了预先的计划，而突然而来的客人势必会打乱主人家原定的行程安排。赶客人走吧，有违待客之道，是种失礼；陪客人聊吧，心中又装着心仪已久的计划。有时候，对于有"任务"在身的主人而言，这些唐突造访的来者并不受欢迎。即使主人没有外出计划，在做客前给主人打个招呼也是十分必要的。预先向主人家透露即将来访的计划，将给主人预留出相对充裕的时间来收拾、打扫房间，或者是更换掉比较不雅的家居服装，以整洁的个人仪容和家庭风貌迎接客人的到来。

因此，在有关做客的诸项礼仪中，给所要拜访之家的主人打个电话、通个气儿就是首要的要求。在拜访前，客人最好用电话或书信等方式与主人约好时间，然后依照约定的时间准时赴约。如遇特殊情况，要事先与主人打招呼，重新约定拜访时间。同时，讲究拜访礼仪的人还会注意选好拜访时间，尽量回避被访者的用餐时间。

做客应注意的礼仪

首先应注意提前预约是做客的基本礼仪，若提前无约，也应选择适宜的时候，不要贸然前往。用餐或休息时间，最好不要打扰别人。进门时要敲门或出声打招呼。唐突地闯入房门会使主人措手不及，让主人觉得你没礼貌，缺乏教养。若带有小孩，应看好不要让孩子乱闹乱翻。若主人用瓜子糖果招待，应尽量保持房间卫生。做客既不要过于拘束，也不要轻浮高傲，落落大方才是做客应有的尺度。

其次，要有时间观念，有话则长，无话则短，不要东拉西扯，废话不断，否则，会使主人不耐烦。切记"浪费别人的时间等于图财害命"。另外，不要乱翻乱动主人的东西，甚至乱闯主人寝室，这样并非亲热之举，而是对主人不尊重，若触及人家隐私，岂不彼此都难堪？

最后，若主人想留你吃饭，应考虑是否有必要，不可以就婉言谢绝。当和主人一起进餐时，应注意不要拘束，也不应狼吞虎咽、旁若无人。若主人送出大门要及时请他们留步。切忌在门口废话太多，拉拉扯扯，使主人在门外站立过久。告别主人时，应对主人的款待表示感谢，如有长辈在家，应向长辈告别。

酒桌上你应该说些什么

谈起喝酒，几乎所有的人都有过切身体会，"酒文化"也是一个既古老而又新鲜的话题。现代人在交际过程中，已经越来越多地发现了酒的作用。

的确，酒作为一种交际媒介，在迎宾送客、聚朋会友、彼此沟通、传递友情中发挥了独到的作用，所以，探索一下酒桌上的"奥妙"，有助于你社交的成功。

1. 众欢同乐，切忌私语。大多数酒宴宾客都较多，所以应尽量多谈论一些大部分人能够参与的话题，得到多数人的认同。因为个人的兴趣爱好、知识面不同，所以话题尽量不要太偏，避免唯我独尊、天南海北、神侃无边，出现跑题现象，而忽略了众人。特别是尽量不要与人贴耳小声私语，给别人一种神秘感，往往会产生"就你俩好"的嫉妒心理，影响喝酒的效果。

2. 瞄准宾主，把握大局。大多数酒宴都有一个主题，也就是喝酒的目的。赴宴时首先应环视一下各位的神态表情，分清主次，不要单纯地为了喝酒而喝酒，而失去交友的好机会，更不要让某些哗众取宠的酒徒搅乱东道主的意思。

3. 语言得当，诙谐幽默。酒桌上可以显示出一个人的才华、常识、修养和交际风度，有时一句诙谐幽默的语言，会给客人留下很深的印象，使人无形中对你产生好感。所以，应该知道什么时候该说什么话，语言得当、诙谐幽默很关键。

4. 劝酒适度，切莫强求。在酒桌上往往会遇到劝酒的现象，有的人总喜欢把酒场当战场，想方设法劝别人多喝几杯，认为不喝到量就是不实在。"以酒论英雄"，对酒量大的人还可以，酒量小的就犯难了，有时过分地劝酒，会将原有的朋友感情完全破坏。

5. 敬酒有序，主次分明。敬酒也是一门学问。一般情况下敬酒应以年龄大小、职位高低、宾主身份为序，敬酒前一定要充分考虑好敬酒的顺序，分明主次。即使与不熟悉的人在一起喝酒，也要先打听一下身份或是留意别人如何称呼，这一点心中要有数，避免出现尴尬或伤感情的局面。敬酒时一定要把握好敬酒的顺序。有求于某位客人，在席上时对他自然要倍加恭敬，但是要注意，如果在场有更高身份或年长的人，则不应只对能帮你忙的人毕恭毕敬，也要先给尊者长者敬酒，不然会使大家都很难为情。

6. 察言观色，了解人心。要想在酒桌上得到大家的赞赏，就必须学会察言观色。因为与人交际，就要了解人心，左右逢源，才能演好酒桌上的角色。

7. 锋芒渐射，稳坐泰山。酒席宴上要看清场合，正确估价自己的实力，不要太冲动，尽量保留一些酒力和说话的分寸，既不让别人小看自己又不要过分地表露自身，选择适当的机会，逐渐放射自己的锋芒，才能稳坐泰山，不致让别人产生"就这点能力"的想法，使大家不敢低估你的实力。

保持吃饭形象的艺术

人的气质随处可见，即使吃饭时也不例外。用餐时的习惯和姿势同样可以体现一个人的修养、反映一个人的气质。在这里就为大家介绍一些吃东西时应注意的礼仪要求。

首先，餐桌上要保持神情自然。贪吃是参加会餐或宴会最忌讳的。别人还没有入席的时候，就直勾勾地盯着餐桌上的菜食，或下意识地玩弄和敲打餐具，好像是在催促主人赶快开吃；开餐后，又狼吞虎咽大块往嘴里塞食物，把嘴撑得鼓鼓囊囊的。这样做既是没有礼貌，又是缺乏教养的行为。吃东西正确的做法是，在入席落座后，神情自若，一面做好就餐的准备，一面可以与同桌的人随意交谈，以创造一个和谐融洽的就餐气氛。在就餐时，应该细嚼慢咽，这不仅有利于消化，也符合餐桌上的礼仪要求。

其次，吃东西的过程中要保持礼貌，动作要文雅。就餐时要考虑自己的身份，以客人身份就餐，切不可抢在主人前面。就餐时不要挑食，也不要只盯住自己喜欢吃的菜猛吃，吃到口味不合的菜，一定要忍住，切不可吐舌头或做怪相。夹菜也要讲文明，一次不要夹太多。夹菜要小心，不要碰到邻座，注意菜或汤不要洒在桌上。在就餐时，发出太大的声音，如喝汤时"咕噜咕噜"作响，吃饭菜时"吧唧"作响，都是不礼貌的行为。另外还要注意不要嘴里塞满食物的时候与人谈论。取远处的食物时，不要欠身够拿，可请邻座或侍者传递。如果是旋转餐桌，应等菜看转到自己面前再动筷，不要抢在邻座之前夹菜。用餐后，可以用餐巾或侍者送来的热毛巾擦嘴和手，但不宜擦其他部位，打嗝顺气要有节制，不要发出太大的声音，以免贻笑大方。主人离席后客人方可离席。

探望病人的礼节

专程前去探望生病了的亲朋好友，心急如焚，此乃人之常情，但是不能太鲁莽。合适的探望是对病人的关怀，不合适的探望和问候，则可能影响病人的病情，严重的导致关系破裂。探望病人时，因病人易敏感，探望者对自己的神色表情和言谈举止都要十分谨慎，以免影响到病人的情绪。

探望病人时，首先要做好了解，如病人的病情，住哪所医院、哪个病区、病床号及医院探病时间。其次要准备一些物品送给病人。

探望时选择适当时机，尽量避开病人休息和医疗时间。由于病人的饮食和睡眠比常人更为重要，所以不宜在早晨、中午、深夜以及病人吃饭或休息时间前往探视。如果是探望住院的病人，还应在医院规定的时间内前往。若病人正在休息，应不予打扰，可稍候或留言相告。

若病人在家静养，一般以下午前去探访为宜。若病人尚处于病危状态之中，或患有某些不宜探访的疾病，可过一段时间再去，或请其亲属转达自己的慰问之意。

一同前去看望病人的人不要过多，否则既会影响病人的休息，又会妨碍其他人。

给病人送礼品要考虑病人的病情和礼物的寓意，送给病人的礼品要精心挑选，鲜花、水果和书刊是普遍受欢迎的。如送食品或营养品要于病人的病情有益。

同病人交谈，表情要自然、温和。不要沉重或悲伤，使病人误解自己的病情，更不要因之破坏病人的心情。

最为忌讳的谈话内容是，详细地向病人询问其病情，或当着病人的面向主治医师询问治疗方法。如果病人可以谈话，探访者应当谈谈以下内容：逸闻趣事、社会新闻、战胜疾病的事例，如此等等。这类话题或轻松愉快，或有助于稳定病人的情绪，使病人暂时忘了病痛，恢复自信与战胜病魔的勇气。

如果不能亲自去探望病人，可先委托他人向病人转达自己的问候致歉，等有时间再去探望，也可以写信表示慰问，但不要采取打电话的方式。

馈赠的礼节

馈赠即赠送礼品，是表达感情和加强沟通的一种形式，既可以保持人们之间的关系，又可增进感情，也是人际交往之中表达友情、敬重和感激的形式，更为重要的是表达了馈赠者的诚心。要想恰如其分地做到这一点，必须注意礼品的选择、馈赠的时间和方式。

馈赠之前，要对礼品进行认真选择，一般要考虑受礼一方的性别、婚否、教养和嗜好，挑选具有鲜明的特色、突出的标志，并能够使其经常看见或经常使用的礼品。所送礼品既不要增加受礼者心理负担，又要使之产生重视的感觉。礼品要有创造性，并为受礼者所喜爱。

礼品可以分为两种：一种是可以长期保存的，如工艺品、书画、照片、相册等；一种是保存时间较短的，如挂历、食品、鲜花等。馈赠时可根据自己的实际情况加以选择。喜礼，如朋友结婚，可送鲜花、书画、工艺品、衣物等；贺礼，如企业开张、大厦落成、厂庆等可送花篮、工艺品等。

礼品一定要有特点，应事先了解对方家庭及本人的爱好，有针对性地进行选择，这样你的礼品，对方才会喜欢。礼品的象征意义必须符合你想表达的意思、符合对方的特点和场景，否则不仅不会给对方带来快乐，反而会弄巧成拙。

赠送礼品时，要附上赠送者写的卡片，也可用名片代替，并在卡片或名片上写简短的祝贺语言，以表达自己的心情。卡片或名片应装在与其相称的信封里，信封封面写清受礼人的姓名，信封可不封。

赠送的礼品一定要带包装。有的礼物本身有包装，有的没有，可以选择自己喜爱的样式让营业员帮助包装或亲自包装。一定要讲究包装的精美，切不可把一堆乱七八糟的礼品放在一起，随便用一个袋子一装就送去了，这样是不会产生好的效果的。

接受礼物和回礼

收到别人赠送的礼品，应双手捧接。无论礼品是多是少、是轻是重，受礼者都应当一视同仁。首先表示谦让，在对方诚意相送时，方可接受，接受后要表示感谢。受礼者受礼后一般要等客人走后才打开。

假如准备退还礼品，应在 24 小时内付诸行动，在感激馈赠者的同时，说明为什么不能接受礼品。在商业活动中，拒收礼品时，可以附上专门信件。退礼处置要适当，不能使用侮辱性语言，最好说明拒收礼品是本人的决定或是违反了有关政策规定，给馈赠者留一个余地。

接受他人的馈赠，在适当的时机和场合应当有回礼。可以在客人临走时回赠，也可以在接受礼物之后隔一段时间登门回拜，顺便带给对方一些礼物表示感谢。还可以寻找机会回赠，如在亲友喜庆的日子送上适宜的礼物以表示你的谢意。

回礼的方式多种多样，礼品可以和馈赠礼品的价值相仿，但也可多可少，视亲密程度而定。一般工作上来往或初次往来还没有深交，回礼都应当和馈赠礼品价值相仿或更重一些。

关系密切的亲朋好友的回礼则可以随便些，多一点少一点都不要紧，主要在表达情意。

家庭该有的礼节

尊重长辈是最基本的社会道德，在家中长辈是一家之长，更要尊重。当他们给自己建议、帮助和批评时，哪怕是很微不足道，也要表示感谢。

晚辈应当表示理解长辈的关心，不能嫌弃长辈啰唆，并且对于长辈的关心也要以关心来回报。如果在一起居住，有什么大事不要互相瞒着。有事情要在出门之前通告长辈，走时要说"再见"。办完事回来以后也要及时告知长辈，以免长辈担心。

晚辈至少要记住父母的生日和结婚纪念日，在重要的节日，都要专门向他们表示祝贺和问候。如与长辈不在一起居住，要定时打电话问候长辈和向长辈说近期的情况。

长辈与晚辈的关系融洽，家庭关系才融合。虽然这样的家庭关系彼此可以畅所欲言，但也要随时谨记对长辈的尊重，更不可以和长辈开过头的玩笑。

平辈之间、兄弟姐妹之间要讲究礼让恭谦，不要争宠。彼此产生矛盾可以请长辈解决，或者是自己以适当的方式心平气和地解决。

长辈要注意自己的形象。长辈是晚辈的榜样，更不能张口骂人、动手打人，要记住长辈是晚辈一生中影响最多的人。长辈对晚辈不能溺爱，也要注意尊重其个人隐私与生活选择。

夫妻之间要互敬互爱、互谅互让。丈夫要体谅妻子。大多数的丈夫不愿意做家务，要主动多帮妻子做一些家务。妻子要给丈夫自由的支配的空间，不要过多地管束。在外人与晚辈面前，丈夫要充分尊敬妻子，妻子也要给丈夫"面子"。

家里来了客人，家人间应注意关系，彼此互相尊重。在客人面前长辈不要训斥晚辈，或相互指责，晚辈也不要有恃无恐、出言不逊。

公共场所的礼节

公共场所是众人共同使用的地方，这就要求大家共同配合、共同利用，如果众人都只为自己考虑高声谈笑，一人大过另一人的声音，最终的结果是谁都听不清对方讲的话，是一种很不文明的行为。人群越是集中的地方越要求交谈者低声细语，声音的大小以不引起他人的注意为宜。

交谈时使用的手势不应过多最好不用，否则会吸引他人的注意力。在庄严肃穆的场合里，一定要保持绝对安静，不得在聆听他人讲话时，注意力不集中，一心二用地与其他人随意交谈或翻阅书刊。

保持安静是公共场合最重要的，走路时鞋子的质地不同会产生不同的声响，所以脚步要放轻，更不能故意走得咯咯作响。遇到急事时，也不能急不择路、慌张奔跑。特别是穿短裙或旗袍的女士，要镇定自若。

桌子的作用是放东西，不提供休息，所以不要趴在或坐在桌子上。沙发坐起来很舒服，但是要在他人面前端正地坐好，切不能躺在沙发里，显出懒洋洋的或十分疲乏的样子。不要蹬踏窗台或椅子，也不要任意毁坏公用物品。

他人需要自己帮助时，可尽力而为。得到他人帮助时应致谢。自己的行动妨碍了他人应当说声"对不起"。

在一切公共场合最好都不要吃东西，更不可以逼着在场的人尝一尝你吃的东西。吃东西的场合是在家里或餐厅里，在人来人往的地方吃东西是应当避免的。爱吃零食的女士在公共场合里，为了维护自己的美好形象，一定要克制。

如在公共场所需要打喷嚏、擤鼻涕，一定要掩口、避人，使用纸巾，而不要干咳、乱甩。随地吐痰是一种很不文明的行为，只要严于律己，不随地吐痰是容易做到的。同他人交谈时，切忌唾液乱飞。

讲卫生是基本礼节

对交际而言，讲卫生是最基本的。你可以服饰与发型、妆容不配，你的衣服可以不是高档次的，但是要做到头发和服饰的整洁。个人卫生和居住环境卫生，都是无声说明你为人的东西，所以都不能掉以轻心。

戴隐形眼镜或者是易上火的人、上了年纪的人，都要注意经常检查眼角是否有异物，并及时清洁异物。

如果要参加交际，一定要先做好个人的卫生，浑身上下都不能有任何的异味。吃大葱、大蒜等气味浓烈的食物，会让人人对你避之不迭。如果实在无法避免或者因为身体的健康问题，可以用口香糖或爽口剂等祛除臭味。

洗净头发，梳理好整齐适合的发型，时刻要留意你的头皮屑，不要让你的上衣领子或衣服的背后落下头屑。头屑是破坏形象的头号杀手。

手是人的第二张脸，所以要时常保持干净，即使繁忙和劳累，对手也不能有丝毫的马虎。即便自己的手指非常好看，很适合留指甲，也要忍痛割爱修剪整齐，因为在交际活动中不允许留过长的手指甲。

掏鼻孔、挖耳朵更是交际活动中的大忌。吃饭后也不准许在众人面前用牙签去剔牙齿，这样做会倒别人的胃口。

自己的居住环境最基本的是保持室内的卫生，经常给房内通风换气，保持屋内空气新鲜。室内目光所及之处和摆放的物品，不允许有灰尘或污痕。室内的纺织品，如窗帘、桌布等，每隔一段时间要清洗。烟灰缸、杯子这些常用的器皿使用之前要清洗干净。

个人卫生与环境卫生是同一问题的两方面，二者是互相制约的。个人卫生再好，居室搞得像狗窝，不能算是个讲卫生的人，就好像"金絮其外，败絮其中"。

做环境的保护者

我们现在经常提到的"可持续发展"从狭义上来说就是环境的保护。环境是人类赖以生存的空间，也是社会存在和发展的物质基础。河流、绿地同雕塑被西方人士并列为现代城市的三大基本要素。

全球的变暖，臭氧层的空洞，日益破坏的生态环境，使许多有识之士奋起为保护环境而斗争，不甘心人类社会为环境污染所毁灭。现在西方各国大都建立了环保组织，包括世界性的环保组织，领导着此起彼伏的环保运动。保护环境是全人类的义务，也是社会公德的一个重要组成部分。

国外所讲的保护环境主要分以下几个层次。

一是保护人类的生存环境。绿党等组织领导人民为环保而战，不仅以和平的方式阻拦车辆尾气的污染和船只卸油的污染，而且迫使政府越来越重视环保问题。

二是保护自然环境。在公园不准乱扔果皮纸屑等，否则会受人指责、干预。人们在这类地方游览和休息完毕，要自觉地把自己制造的废弃物带走。毁坏树木、践踏绿地、采折花朵污损雕塑等行为不仅为人人所唾弃，还会触犯法律。

三是爱护公共场所的卫生。在高速公路和铁道旁边，都不能抛废弃物品，任何人都要以此为耻。对公共场所的公用物品倍加爱惜，污损、偷窃行为都为公德所不容。下雨或下雪时进入公共场所，要自觉地将雨具留在室外或前厅。鞋子要在门外的擦鞋垫上擦干净。拖泥带水地入内，是很失礼的举动。去受保护的场所参观、游览，要穿上鞋套甚至赤脚入内。

第十章

SHANGWU HUODONG DE SHEJIAO LIYI

商务活动的社交礼仪

没有交往，人类连最简单的活动也不可能进行。

——扎采宾

商务接待中的迎来送往

在商务接待中要重点注意的是两方面的礼仪。首先是拜访礼仪。拜访礼仪主要注意以下几方面。

第一，拜访前应事先和被访对象约定，以免扑空或扰乱主人的计划。拜访时要准时赴约。拜访时间长短应根据拜访目的和主人意愿而定。一般而言时间宜短不宜长。

第二，到达被访人所在地时，一定要用手轻轻敲门，进屋后应待主人安排指点后坐下。后来的客人到达时，先到的客人应该站起来，等待介绍。

第三，拜访时应彬彬有礼，注意一般交往细节。告辞时要同主人和其他客人一一告别，说"再见""谢谢"；主人相送时，应说"请回""留步""再见"。

其次是接待礼仪，在接待的礼仪中要做到以下几点。

第一，接待人员要品貌端正，举止大方，口齿清楚，具有一定的文化素养，受过专门的礼仪、形体、语言、服饰等方面的训练。

第二，接待人员服饰要整洁、端庄、得体、高雅；女性应避免佩戴过于夸张或有碍工作的饰物，化妆应尽量淡雅。

第三，如果来访者是预先约定好的重要客人，则应根据来访者的地位、身份等确定相应的接待规格和程序。在办公室接待一般的来访者，谈话时应注意少说多听，最好不要隔着办公桌与来人说话。对来访者反映的问题，应做简短的记录。

商务来访与接待的原则

接待或拜访是很多企业员工的一项经常性的工作。在接待和拜访中的礼仪表现，不仅关系到自己的形象，还关系到企业形象。所以，接待来访的礼仪历来都受到重视。

第一，对来访者，应起身握手相迎，对上级、长者、客户来访，要起身上前迎候。对于不是第一次见面的同事、员工，可以不起身。

第二，不能让来访者坐冷板凳。如果自己有事暂不能接待来访者，要安排助理或相关人员接待客人，不能冷落了来访者。

第三，认真倾听来访者的叙述。来访者都是有事而来，因此要尽量让来访者把话说完，并认真倾听。

第四，对来访者的意见和观点不要轻率表态，应思考后再作出答复，对一时不能作答的，要约定一个时间后再联系。

第五，对能够马上答复的或立即可办理的事，应当场答复，不要让来访者等待或再次来访。

第六，正在接待来访者时，有电话打来或有新的来访者，应尽量让助理或他人接待，以避免中断正在进行的接待。

第七，对来访者的无理要求或错误意见，应有礼貌地拒绝，而不要刺激来访者，使其尴尬。

第八，要结束接待，可以婉言提出借口，也可用起身的体态语言告诉对方本次接待就此结束。

邀约的礼仪

在商务交往中，因为各种各样的实际需要，商务人员必须对一定的交往对象发出约请，邀请对方出席某项活动，或是前来我方作客。这类性质的活动，被商务礼仪称为邀约。

在民间，邀约有时还被称为邀请或邀集。站在交际这一角度来看待邀约，它实质上是一种双向的约定行为。当一方邀请另一方或多方人士，前来自己的所在地或者其他某处地方约会，以及出席某些活动时，不能仅凭自己的一厢情愿行事，而必须取得被邀请方的同意与合作。作为邀请者，不能不自量力，无事生非，自寻烦恼，既麻烦别人，又自讨没趣。作为被邀请者，则需要及早地做出合乎自身利益与意愿的反应。不论是邀请者，还是被邀请者，都必须把邀约当作一种正规的商务约会来看待，对它绝对不可以掉以轻心、大而化之。

对邀请者而言，发出邀请，如同发出一种礼仪性很强的通知，不仅要力求合乎礼貌，取得被邀请者的良好回应，而且还必须使之符合双方各自的身份，以及双方之间关系的现状。

在一般情况下，邀约有正式与非正式之分。正式的邀约，既讲究礼仪，又要设法使被邀请者备忘，故此它多采用书面的形式。非正式的邀约，通常是以口头形式来表现的，相对而言，它要显得随便一些。

正式的邀约，有请柬邀约、书信邀约、传真邀约、电报邀约、便条邀约等具体形式，适用于正式的商务交往中。非正式的邀约，也有当面邀约、托人邀约以及打电话邀约等不同的形式。它多适用于商界人士非正式的接触之中。前者可统称为书面邀约，后者则可称为口头邀约。

根据商务礼仪的规定，在比较正规的商务往来之中，必须以正式的邀约作为邀约的主要形式。

请柬邀约

在正式邀约的诸形式之中，档次最高，也最为商界人士所常用的当属请柬邀约。凡精心安排、精心组织的大型活动与仪式，如宴会、舞会、纪念会、庆祝会、发布会、单位的开业仪式等，只有采用请柬邀请嘉宾，才会被人视为与其档次相称。

请柬又称请帖，一般由正文与封套两部分组成。不管是上街购买印刷好的成品，还是自行制作，在格式与行文上，都应当遵守成规。

请柬正文的用纸，大都比较考究。它多用厚纸对折而成。以横式请柬为例，对折后的左面外侧多为封面，右面内侧则为正文的行文之处。封面通常讲究采用红色，并标有"请柬"二字。请柬内侧，可以同为红色，或采用其他颜色。但民间忌讳用黄色与黑色，通常不可采用。在请柬上亲笔书写正文时，应采用钢笔或毛笔，并选择黑色、蓝色的墨水或墨汁，其他颜色不宜采用。

目前，在商务交往中所采用的请柬，基本上都是横式请柬。它的行文，是自左而右、自上而下地横写的。除此之外，还有一种竖式请柬。它的行文，则是自上而下、自右而左地竖写的。作为中国传统文化的一种形式，竖式请柬多用于民间的传统性交际应酬。因此在这里将它略去不提。

在请柬的行文中，通常必须包括活动形式、活动时间、活动地点、活动要求、联络方式以及邀请人等内容。

附规范的请柬正文示范一则：

谨订于 2017 年 8 月 18 日下午 6 时整于本市金马大酒店水晶厅举行五环集团公司成立六周年庆祝酒会，敬请届时

光临

联系电话：01063322×××

备忘

在请柬的左下方注有"备忘"二字，意在提醒被邀请者届时勿忘。

在国际上，这是一种习惯的做法。西方人在注明"备忘"时，通常使用都是同一个意思的法文缩写"P. M."。

注意以上范文，您可能会发现其中邀请者的名称在行文时没有在最后落款，而是处于正文之间。其实，把它落在最后，并标明发出请柬的日期，在商务交往中也是允许的。

另外，被邀请者的"尊姓大名"没有在正文中出现，则是因为姓名一般已在封套上写明白了。要是"不厌其烦"地在正文中再写一次，也是可以的。在正文中，"请柬"二字可以有，也可以没有。

附被邀请者与邀请者名称单独分列的请柬正文示范一则：

请柬

尊敬的蒋勤先生：

11 月 6 日下午 7 时为李娟小姐饯行，席设本市北京路 8 号德大西茶社，恭请

光临

周抒平谨订

在对外交往中使用的请柬，应采用英文书写。在行文中，全部字母均应大写，不分段，不用标点符号，并采用第三人称。这是其习惯做法。

在请柬的封套上，被邀请者的姓名要写清楚、写端正。这是为了对对方示敬，也是为了确保它被准时送达。

便条邀约

在某些时候，商界人士在进行个人接触时，还会采用便条邀约。便条邀约，即将邀约写在便条纸上，然后留交或请人带交给被邀请者。在书面邀约诸形式之中，它显得最为随便。然而因其如此，反而往往会使被邀请者感到亲切、自然。

便条邀请的内容，是有什么事写什么事，写清楚为止。它所选用的纸张，应干净、整洁。

依照常规，用以邀约他人的便条不管是留交还是带交对方，均应装入信封之中，一同送交。让邀请条"赤条条"地来来去去，则不甚适宜。

在一般情况下，不论以何种书面形式邀约他人，均须做得越早越好。通常，它应当至少在一周之前到达对方手中，以便对方有所准备。"临阵磨枪"，打对方一个措手不及，不仅给对方以逼人就范的感觉，而且也是非常不尊重对方的。

附便条邀约他人的示范一则：

刘晓航先生：

　　兹与远大集团公司杨林董事约定，下周五中午 12 时在四川酒家共进工作餐。

　　敬请光临

杨青青留上 5 月 2 日

迎接客人要有周密的部署

　　迎来送往，是社会交往接待活动中最基本的形式和重要环节，是表达主人情谊、体现礼貌素养的重要方面。尤其是迎接，是给客人良好第一印象的最重要工作。给对方留下好的第一印象，就为下一步深入接触打下了基础。迎接客人要有周密的部署，应注意以下事项。

　　第一，对前来访问、洽谈业务、参加会议的外国、外地客人，应首先了解对方到达的车次、航班，安排与客人身份、职务相当的人员前去迎接。若因某种原因，相应身份的主人不能前往，前去迎接的主人应向客人做出礼貌的解释。

　　第二，主人到车站、机场去迎接客人，应提前到达，恭候客人的到来，绝不能迟到让客人久等。客人看到有人来迎接，内心必定感到非常高兴，若迎接来迟，必定会给客人心里留下阴影，事后无论怎样解释，都无法消除这种失职和不守信誉的印象。

第三，接到客人后，应首先问候"一路辛苦了""欢迎您来到我们这座美丽的城市""欢迎您来到我们公司"等。然后向对方做自我介绍，如果有名片，可送与对方。注意送名片的礼仪。

（1）当你与长者、尊者交换名片时，双手递上，身体可微微前倾，说一句"请多关照"。你想得到对方名片时，可以用请求的口吻说："如果您方便的话，能否留张名片给我？"

（2）作为接名片的人，双手接过名片后，应仔细地看一遍，千万不要看也不看就放入口袋，也不要顺手往桌上扔。

第四，迎接客人应提前为客人准备好交通工具，不要等客人到了才匆匆忙忙准备交通工具，那样会因让客人久等而误事。

第五，主人应提前为客人准备好住宿，帮客人办理好一切手续并将客人领进房间，同时向客人介绍住处的服务、设施，将活动的计划、日程安排交给客人，并把准备好的地图或旅游图、名胜古迹等介绍材料送给客人。

第六，将客人送到住地后，主人不要立即离去，应陪客人稍做停留，热情交谈，谈话内容要让客人感到满意，比如，客人参与活动的背景材料、当地风土人情、有特点的自然景观、特产、物价等。考虑到客人一路旅途劳累，主人不宜久留，让客人早些休息。分手时将下次联系的时间、地点、方式等告诉客人。

一般工作人员的接待礼仪

接待客人要注意以下几点。

一是客人要找的负责人不在时，要明确告诉对方负责人到何处去了，以及何时回本单位。请客人留下电话、地址，明确是由客人再次来单位，还是我方负责人到对方单位去。

二是客人到来时，我方负责人由于种种原因不能马上接见，要向客人说明等待理由与等待时间，若客人愿意等待，应该向客人提供饮料、杂志，如果可能，应该时常为客人换饮料。

三是接待人员带领客人到达目的地，应该有正确的引导方法和引导姿势。

（1）在走廊的引导方法。接待人员在客人两三步之前，配合步调，让客人走在内侧。

（2）在楼梯的引导方法。当引导客人上楼时，应该让客人走在前面，接待人员走在后面，若是下楼时，应该由接待人员走在前面，客人在后面，上下楼梯时，接待人员应该注意客人的安全。

（3）在电梯的引导方法。引导客人乘坐电梯时，接待人员先进入电梯，等客人进入后关闭电梯门，到达时，接待人员按"开"的钮，让客人先走出电梯。

（4）客厅里的引导方法。当客人走入客厅，接待人员用手指示，请客人坐下，看到客人坐下后，才能行点头礼后离开。如客人错坐下座，应请客人改坐上座（一般靠近门的一方为下座）。

四是诚心诚意地奉茶。我国人民习惯以茶水招待客人，在招待尊贵客人时，茶具要特别讲究，倒茶有许多规矩，递茶也有许多讲究。

会见与会谈中的礼仪

现今高速发展的社会中，工作紧张，预约通常是会见对方的确保手段，想要拜会的一方，应提前将自己的姓名、职务通知对方。接到要求的一方应尽早予以答复，无故拖延、置之不理是欠妥的，是不礼貌的。如不能如期会见，应向对方解释，会谈亦如此。

在接到要求方同意对方要求时，可主动将会见或会谈的时、地、人通知对方。会见与会谈一般都在会客室或办公室里进行。会见中座位的安排是主人坐在左边，主宾坐在右边。双方其他人员各自按一定的顺序分别坐在左右两侧，主方为左，客方为右。双边会谈时一般使用长方形的桌子，宾主应各自坐在桌子的一边。面向正门的是上座，由客人来坐。背对正门的为下座，由主人坐。主人与主宾坐在正中间，其他人分列两边。主人应在会见或会谈之前到达，以迎候客人，工作人员引领客人时，应走在前边，到楼梯或拐角时，要回头告诉客人。会见或会谈中，可使用扩音器。主客人交谈时，他人不得交头接耳。会见或会谈时，可以准备适当饮料。若安排会见或会谈的双方合影留念，应在宾主见面握手之后，合影完毕，大家入座，主人可请客人首先入座，抑或双方一起就座。会见会谈结束后，主人送客至门口或车前，握手话别，目送车离去之后方可进屋。

送别客人的常用礼仪

送别客人是接待工作最后的也是非常重要的一个环节。当客人告辞时，应起身与客人握手道别。对于本地客人，一般应陪同送行至本单位楼下或大门口，待客人远去后再回单位。如果是乘车离去的客人，一般应走至车前，接待人员帮客人拉开车门，待其上车后轻轻关门，挥手道别，目送车远去后再离开。

对于外来的客人，应提前为之预订返程的车票、船票或机票。送别外宾，要按照迎接的规格来确定送别的规格，主要迎候人应参加送别活动。一般情况下送行人员可前往外宾住宿处，陪同外宾一同前往机场、码头或车站，也可直接前往机场、码头或车站恭候外宾，必要时可在贵宾室与外宾稍叙友谊，或举行专门的欢送仪式。

在外宾临上飞机、轮船或火车之前，送行人员应按一定顺序同外宾

——握手话别，祝愿客人旅途平安并欢迎再次光临。飞机起飞或轮船、火车开动之后，送行人员应向外宾挥手致意，直至飞机、轮船或火车在视野里消失，送行人员方可离去。不可以在外宾刚登上飞机、轮船或火车时，送行人员就立即离去。

一般情况下的得体道别

　　当客人准备告辞的时候，一般都应真诚地挽留。不论是朋友来访，还是业务上的往来，当对方走时，作为东道主，一定要热情相送，不要一出门，对方说请留步，就不送了。刚才谈得再热情再友好，你一关门就把对方推出去了，他会从心里感到不自在。所以无论是谁来访，无论对方多客气地不让送，都要送对方一段，并且要在客人的身影完全消失以后才能返回，否则，当客人走完一段再回头致意时，发现主人不在，心里会很不是滋味。同时，送客返身回屋后，应将房门轻轻关上，不要使其发出响声，那种等客人刚出门时，就砰地关上大门的做法是极不礼貌的，并且很有可能因此而葬送客人来访时你精心培植起来的所有感情。对远道而来的客人，则要事前为他买好车票、船票，并送客至车站、码头，等车、船开动并消失在视野以外后再返回。尤其不要表现得心神不宁或频频看表，以免客人误解成你催他快快离开。

　　如果有话想与对方单独说，那你此时更要送一程。如果对方来访时还带着另一个人，那就更要相送了，这会使你的客人很高兴，因为你在他人面前表达了对客人的尊重。

为了表达对客人及客人的同事、亲人的友好感情，给他们以一定的精神扶助，临别时，别忘了告诉客人代表你向他们问好，可以这样说："请代向令尊令堂大人问好！""请代向其他同事问好！"……必要时还应为客人或客人的亲友赠送一份土特产或纪念品，请客人笑纳。

公务拜访要注意的礼仪

约好去拜访对方，无论是有求于人还是人求于己，都要从礼节上多多注意，不可失礼于人，而有损自己和单位的形象。

我们要注意的首要规则是准时。让别人无故干等无论如何都是严重失礼的事情。如果有紧急的事情，不得不晚，必须通知你要见的人。如果打不了电话，请别人为你打电话通知一下。如果遇到交通阻塞，应通知对方要晚一点到。如果是对方要晚点到，你将要先到，要充分利用剩余的时间。例如，坐在汽车里仔细想一想，整理一下文件，或问一问接待员是否可以在接待室里先休息一下。

当你到达时，告诉接待员或助理你的名字和约见的时间，递上你的名片以便助理能通知对方。冬天穿着外套的话，如果助理没有主动帮你脱下外套或告诉你外套可以放在哪里，你就要主动问一下。

在等待时要安静，不要通过谈话来消磨时间，这样会打扰别人工作。尽管你已经等了二十分钟，也不要不耐烦地总看手表，你可以问接待／助理约见者什么时候有时间。如果你等不到那个时间，可以向助理解释一下并另约一个时间。不管你对要见的人有多么不满，也一定要对接待／助理有礼貌。

当你被引到约见者办公室时，如果是第一次见面，就要先做自我介绍，如果已经认识了，只要互相问候并握手就行了。

一般情况下对方都很忙，所以你要尽可能快地将谈话进入正题，而不要闲扯个没完。清楚直接地表达你要说的事情，不要讲无关紧要的事情。说完后，让对方发表意见，并要认真地听，不要辩解或不停地打断对方讲话。你有其他意见的话，可以在他讲完之后再说。

拜访外商的礼仪

在拜访外国人时，需要严格遵守的礼仪规范，主要涉及以下六条。

第一，要有约在先。拜访外国人时，切勿未经约定便不邀而至。尽量避免前往其私人居所进行拜访。在约定的具体时间通常应当避开节日、假日、用餐时间、过早或过晚的时间，以及其他一切不方便的时间。

第二，要守时践约。这不只是为了讲究个人信用、提高办事效率，而且也是对交往对象尊重友好的表现。万一因故不能准时抵达，务必及时通知对方，必要的话，还可将拜访另行改期。在这种情况下，一定要记住向对方郑重其事地道歉。

第三，要进行通报。进行拜访时，倘若抵达约定地之后，未与拜访对象直接见面，或是对方没有派员在此迎候，则在进入对方的办公室或私人居所的正门之前，有必要先向对方进行一下通报。

第四，要登门有礼。切忌不拘小节，失礼失仪。当主人开门迎客时，务必主动向对方问好，互行见面礼节。倘若主人一方不止一人，则对对方的问候与行礼，在先后顺序上合乎礼仪惯例。标准的做法有二：其一，是先尊后卑；其二，是由近而远。在此之后，在主人的引导之下，进入指定的房间，切勿擅自闯入，在就座之时，要与主人同时入座。倘若自己到达后，主人之外尚有其他客人在座，应当先问一下主人，自己的到来会不会影响对方。为了不失礼仪，在拜访外国友人之前，可随身携带一些备用的物品，主要是纸巾、擦鞋器、袜子与爽口液等，简称为涉外拜访"四必备"。入室后的"四除去"是指帽子、墨镜、手套和外套。

第五，要举止有方。在拜访外国友人时要注意自尊自爱，并且时刻以礼待人。与主人或其家人进行交谈时，要慎择话题，切勿信口开河、出言无忌。与异性交谈时，要讲究分寸。对于主人家里遇到的其他客人要表示尊重，友好相待。不要在有意无意间冷落对方，置之不理。若遇到其他客人较多，既要以礼相待，也要一视同仁。切勿明显地表现出厚此薄彼，而本末倒置地将主人抛在一旁。在主人家里，不要随意脱衣、脱鞋、脱袜，也不要大手大脚，动作嚣张而放肆。未经主人允许，不要在主人家中四处乱闯，随意乱翻、乱动、乱拿主人家中的物品。

第六，要适可而止。在拜访他人时，一定要注意在对方的办公室或私人居所里进行停留的时间长度。从总体上讲，应当具有良好的时间观念。不要因为自己停留的时间过长，从而打乱对方既定的其他日程。在一般情况下，礼节性的拜访，尤其是初次登门拜访，应控制在一刻钟至半小时之内。最长的拜访，通常也不宜超过两小时。有些重要的拜访，往往需由宾主双方提前议定拜访的时间和长度。在这种情况下，务必严守约定，绝不可单方面延长拜访时间。自己提出告辞时，虽主人表示挽留，仍须执意离去，但要向对方道谢，并请主人留步，不必远送。在拜访期间，若遇到其他重要的客人来访，或主人一方表现出厌客之意，应当机立断，知趣地告退。

拜访外商办公室或住所

去外商的住所或办公室，均应事先约定或通知，并按时到达。无人迎接应敲门或按门铃，经主人允许后方可进入；若无人应声，可再次敲门或按铃（但敲门声音要轻，按铃时间不宜过长）。无人或未经允许，不得擅自进入。若因事急或未有约定又必须前往，也应尽量避免在深夜打搅对方，万不得已在休息时间约见对方，见面后首先应立即致歉意，再说明打扰的原因。经主人允许或邀请才可进入室内。即使所谈事情需要时间很短，也不要站在门口谈话；若主人未邀请入室，可退至门外，进行室外交谈。室内谈话若时间较短，不必坐下，事毕不宜逗留，若谈话时间较长，可在主人邀请后入座。事先未有约定的，谈话时间不宜过长。应邀到外商家中拜访、做客，应按主人提议的时间准时抵达，过早过晚均不礼貌。拜访的时间一般在上午十时或下午四时左右。若因故迟到，应致歉意。对主人准备的小吃，不要拒绝，应品尝一下；准备的饮料，尽可能喝掉。无主人的邀请或未经主人的允许，不得随意参观主人的住房和庭院。在主人的带领下参观其住宅，即使是熟悉的朋友也不要去触动除书籍、花草以外的室内摆设或个人用品。对主人家的人都应问候（尤其是夫人或丈夫和孩子），对主人家的猫狗不应表示害怕或讨厌，更不要去踢它或打它。离开时，应有礼貌地向主人表示感谢。

商务送礼的礼仪

商务活动中互赠礼品本身就是一笔大生意。礼品的选择传递着权势、世故、知识和兴趣等信息。它既可改善也可损害公司的形象。从赠送给董事会议主席的礼品到广告用礼品，这类商业礼物的选择和赠送可不是件轻松的事。美国的公司每年花在商务往来上送礼的费用高达四十亿美元。不用猜，人们最常买的商务往来礼品是钢笔、台历、袖珍计算器，这类礼品上均有公司的标记。其他一些选择有钟表、酒类、日记本、小刀、玻璃杯、水果、夹克上衣等。最近的一次调查显示，在赠送商务礼品的美国公司中47%的回答是"有效果"或"很有效果",另外39%的公司认为至少"有点效果",只有2%的公司认为送礼毫无益处。

为什么公司要送商务礼品?根据一项调查,最主要的原因是表示对他人的赞赏(61%),处于第二位的原因是通过良好的祝愿以发展业务关系(54%)。被调查者中有一半在圣诞节送礼,将近三分之一的人在特殊的场合送礼。越来越多的公司认识到商务活动中送礼不仅是做广告,也是相互交流的一个重要方面。

我们生活在一个讲"礼"的环境里,如果你不讲"礼",简直就是寸步难行,被人唾弃。求人要送礼,联络关系要送礼,"以礼服人""礼多人不怪",这是古老的中国格言,它在今天仍有十分实用的效果。

调查研究指出,日本产品之所以能成功地打入美国市场,其中最秘密的武器就是日本人的小礼物。换句话说,日本人是用小礼物打开美国市场的,小礼物在商务交际中起到了不可估量的作用。

如今商品社会,"利"和"礼"是连在一起的,往往是"利""礼"相关,先"礼"后"利",有"礼"才有"利",这已经成了商务交际的一般规则。在这方面道理不难懂,难就难在操作上。

商务送礼其实已成了一种艺术和技巧,从时间、地点一直到选择礼品,都是一件很费人心思的事情。很多大公司在电脑里有专门的储存,对一些主要关系公司、关系人物的身份、地位以及爱好、生日都有记录,逢年过节,或者什么合适的日子,总有例行或专门的送礼,巩固和发展自己的关系网,确立和巩固自己的商业地位。

商务送礼的四个规矩

商务送礼既然是一门艺术，自有其约定俗成的规矩，送给谁、送什么、怎么送都很有奥妙，绝不能瞎送、胡送、滥送。根据古今中外一些成功的送礼经验和失败的教训，起码我们应该注意下述原则。

第一，礼物轻重得当。一般讲，礼物太轻意义不大，很容易让人误解为瞧不起他，尤其是对关系不算亲密的人更是如此，而且如果礼太轻而想求别人办的事难度较大，成功的可能几乎为零。但是，礼物太贵重，又会使接受礼物的人有受贿之嫌，特别是对上级、同事更应注意。除了某些爱占便宜又胆子特大的人之外，一般人很可能婉言谢绝，或即使收下，也会付钱，要不就日后必定设法还礼，这样岂不是强迫人家消费吗？如果对方拒收，你钱已花出，留着无用，便会生出许多烦恼，就像平常人们说的"花钱找罪受"，何苦呢？因此，礼物的轻重选择以对方能够愉快接受为尺度，争取做到少花钱多办事、多花钱办好事。

第二，送礼间隔适宜。送礼的时间间隔也很有讲究，过频过繁或间隔过长都不合适。送礼者可能手头宽裕，或求助心切，便时常大包小包地送上门去，有人以为这样大方，一定可以博得别人的好感，细想起来，其实不然。因为你以这样的频率送礼目的性太强。另外，礼尚往来，人家还必须还情于你。一般来说，以选择重要节日、喜庆、寿诞送礼为宜，送礼的既不显得突兀虚套，受礼的收着也心安理得，两全其美。

第三，了解风俗禁忌。送礼前应了解受礼人的身份、爱好、民族习惯，免得送礼送出麻烦来。有个人去医院看望病人，带去一袋苹果以示慰问，哪知引出了麻烦。正巧那位病人是上海人，上海人叫"苹果"跟"病故"二字发音相同，送去苹果岂不是咒人家病故？由于送礼人不了解情况，弄得不欢而散。鉴于此，送礼时，一定要考虑周全，以免节外生枝。例如，不要送钟，因为"钟"与"终"谐音，让人觉得不吉利；对文化素养高的知识分子你送去一幅蹩脚的书画就很没趣；给伊斯兰教徒送去有猪的形象做装饰图案的礼品，可能会让人轰出来。

第四，礼品要有意义。礼物是感情的载体。任何礼物都表示送礼人的特有心意，或酬谢、或求人、或联络感情等。所以，你选择的礼品必须与你的心意相符，并使受礼者觉得你的礼物非同寻常，备感珍贵。实际上，最好的礼品应该是根据对方兴趣爱好选择的，富有意义、耐人寻味、品质不凡却不显山露水的礼品。因此，选择礼物时要考虑它的思想性、艺术性、趣味性、纪念性等多方面的因素，力求别出心裁、不落俗套。

赴商务宴请的基本礼仪

应邀参加宴会，要适当地打扮自己，表示对主人以及参加宴会者的尊重。要遵守时间，最好提前到达一会儿，可以和主人以及其他客人应酬。

如果有其他事情耽搁，不能参加宴会，应事先向主人说明。如果参加宴会时不小心迟到了，应向主人致歉。

第一，开宴。按照主人安排的座次入席，不能乱坐座位。入座时，要和其他客人礼让，并从椅子左边入座。开宴之前，可与邻座交谈，不要摆弄碗筷、左顾右盼。等主人、同席年长者招呼以后，才能动筷。

第二，饮酒主人向客人敬酒时，客人应起立回敬。当主人给客人斟酒时，有酒量的也要谦谢一下，不要饮酒过量，导致酒后失态；不擅饮酒的可向主人说明，或喝一小口，表示对主人的敬意。无论是主人还是客人，都不应强劝别人喝酒。

饮酒以及喝其他饮料时，要把嘴抹干净，以免食物残渣留在杯沿，十分不雅。饮酒时，倒"八分"满，要慢斟细酌，不要"咕嘟咕嘟"直往下灌。

第三，进餐。总的来说，进餐时吃相要文雅，举止要得体，一般礼仪如下。

（1）用餐时须温文尔雅，从容安静，不能急躁。

（2）不要两眼盯着菜只顾吃，要照顾到别的客人，谦让一下，尤其要招呼两侧的女宾。

（3）与邻座交谈时，切忌一边嚼食物，一边与人含含糊糊地说话。

（4）必须小口进食，不要大口地塞，食物未咽下，不能再塞入口。

（5）闭嘴咀嚼，不要发出"吧唧吧唧"的咀嚼声。

（6）汤、菜太热时，不要用嘴去吹，等稍凉后再吃；喝汤时，不要发出"呼噜呼噜"的声音。

（7）吃进口的东西，不能吐出来，如是滚烫的食物，可喝水或果汁冲凉。

（8）取菜舀汤，应使用公筷公匙。

（9）在餐桌上，手势、动作幅度不宜过大，更不能用餐具指点别人。

（10）自己手上持刀叉，或他人在咀嚼食物时，均应避免跟人说话或敬酒。

（11）好的吃相是食物就口，不可将口就食物。食物若带汁，不能匆忙送入口，否则汤汁滴在桌布上，极为不雅。

（12）切忌用手指掏牙，应用牙签，并以手或手帕遮掩。

（13）若要咳嗽、打喷嚏，将头转向一边，用纸巾捂住口鼻。

（14）不要伸懒腰、打哈欠，毫无控制地打饱嗝。

（15）喝酒宜各随意，敬酒以礼到为止，切忌劝酒、猜拳、吆喝。

（16）如欲取用摆在同桌其他客人面前之调味品，应请邻座客人帮忙传递，不可伸手横越，长驱取物。

第四，应付意外。进餐过程中有时会遇到一些意外事件，如何处理好这些意外才能不失礼仪呢？以下列举了一些常见的事件，供大家参考。

（1）自己的餐具掉在地上，可向服务员再取一副。

（2）不慎将酒、水、汤汁溅到他人衣服上，表示歉意即可，并递上手帕或餐巾。不必恐慌赔罪，反使对方难为情。

（3）失手打翻了酱碟，应向注意到你的人婉言致歉，不要大声嚷嚷，也不要没完没了地自责。

（4）席间一般关掉手机，或把手机拨到振动。离席回电时，应向主人或左右的客人致歉，轻轻拉开座椅离去。

第五，离席。等主人宣布宴会结束时，客人才能离席。客人应向主人道谢、告别，如"谢谢您的款待""您真是太好客了""菜肴丰盛极了"，并向其他客人告别。如果客人有事要提前离席，则应向主人及同席的客人致歉。

赴中餐商务宴请的礼仪

中式饭菜是中国传统文化的一个重要组成部分，中餐不仅受到国内人士，也受到外国人士的喜爱。宴请中吃中餐是常有的事。

举行中餐宴会，应提前发出请柬。内容包括活动形式、举行的时间及地点、主人的姓名（以单位名义邀请，则用单位名称）。请柬行文不用标点符号，所提到的人名、单位名、节日名称都用全称。请柬格式与行文，中外文本差异较大，注意不能生硬照译。如宴请外宾，则宴会时间的选定应避开外宾的忌讳。例如，对信奉基督教的人士不要选13日，伊斯兰教在斋月内白天禁食，宴请宜在日落后举行。此外，菜肴的选择应兼顾外宾的饮食习惯和宗教信仰。例如，宴请印度教徒不能用牛肉；伊斯兰教徒不饮酒，用清真席；佛教徒只食素，不吃海鲜和肉食。

中餐的餐具主要有杯、盘、碗、碟、筷、匙几种。在正式的宴会上，水杯放在菜盘上方，酒杯放在右上方。筷子和汤匙最好放在专用的座子上。酱油、醋、辣油等佐料应一桌数份，并要备好牙签和烟灰缸。有时宴请外国宾客时，除放置筷子外，还应摆上刀叉，一桌数份。

上菜应按照下述顺序：先上冷盘，后上熟菜，最后上甜食和水果。宴会上桌数再多，各桌也要同时上菜。上菜的方式大体上有以下几种：一种是把大盘菜端上，由各人自取；二是由招待员托着菜盘逐一往每个人的食盘中分让；三是用小碟盛放，每人一份。

用餐时要注意文明礼貌。对外宾不要反复劝菜，可向对方介绍中国菜的特点，吃不吃由他，不可强为他人夹菜。

一般在正式宴请时，应先用公筷或汤匙将所需菜肴夹到自己的碟盘中，然后再用自己的筷子慢慢食用，而不能直接到菜盘中夹菜送入嘴里。正确使用筷子用餐有八忌：

（1）每次一筷夹的菜不宜太多。

（2）夹菜后到自己盘碟途中不能滴水不停。

（3）不能用筷如"拨草寻蛇"似的在菜盘中胡搅一气。

（4）不能在用餐前将筷子放入汤中"洗涮"。

（5）不能用嘴吮筷子的菜卤。

（6）不能用筷代牙签剔齿缝。

（7）不能用筷子敲打盘碗。

（8）不能用筷子指点人。

同时，需要使用汤匙时，应先将筷子放下。右手握筷、左手持匙的做法同样是忌讳的。

假如遇有鱼刺肉骨之类的杂物需要吐出时，也必须用筷子放在嘴唇间将杂物接送到自己的碟盘中。直接吐于桌布上的举止一样令人反感。

另外还应注意，吃东西时要把嘴闭上咀嚼，不要拿筷子和汤匙整个往嘴里塞；喝汤不要发出声音，汤若太烫，可过一会儿再喝，不要用嘴去吹；不要一边吃东西，一边找人聊天；用牙签剔牙时，应用手或餐巾掩住嘴；不要让餐具发出任何声响。

客人入席后，不要立即动手取食，而应待主人打招呼，再与大家一同开始用餐。不要无故在中途离去。吃饱后，应等众人都放下筷子，并见到主人示意散席时，方可离座。

赴西餐商务宴请的礼仪

无论您是出国旅游还是出差，如果有人邀请您参加正式宴会，那么您需要了解一些西方社交场所的基本礼仪。

到达：你最好按时到达，迟到四五分钟也行，但千万不能迟到一刻钟以上，否则到时为难的不是别人，而是你自己。如果去的是富裕而讲究的人家，你进大门时遇到的第一个人可能是个男当差，负责帮你挂衣服或者是给你带路的，所以你先别急着跟他握手，观察一下再决定。

准备：进了客厅，你不要着急找位子坐。西方人在这种场合一般都要各处周旋，待主人为自己介绍其他人。你可以从侍者送来的酒和其他饮料里面选一杯合适的边喝边和其他人聊天。等到饭厅的门打开了，男主人和女主宾会带着大家走进饭厅，女主人和男主宾应该走在最后，但如果男主宾是某位大人物，女主人和他也许会走在最前面。

入席：西餐入席的规矩十分讲究，席位一般早已安排好，这时，和你同来的先生或女士绝不会被安排坐在你身边。欧美人认为熟人聊天的机会多得很，要趁此机会多交朋友。男女主人分别坐在长方形桌子的上、下方，女主人的右边是男主宾，男主人的右边是女主宾。其他客人的坐法是男女相间。男士在上桌之前要帮右边的女士拉开椅子，待女士坐稳后自己再入座。

大家落座之后，主人拿餐巾，你就跟着拿餐巾。记住：不管这时出现什么情况（如主人有饭前祷告的习惯），主人没拿餐巾之前你不能拿餐巾。

用餐：一般的菜谱是三至五道菜，前三道菜应该是冷盘、汤、鱼，后两道菜是主菜（肉或海鲜加蔬菜）、甜品或水果，最后是咖啡及小点心。吃饭的时候不要把全部的精力都放在胃的享受上，要多和左右的人交谈。甜品用完之后，如果咖啡没有出现，那可能是等会儿请你去客厅喝。总之，看到女主人把餐巾放在桌子上站起来后，你就可以放下餐巾离开座位。这时，懂礼貌的男士又要站起帮女士拉开椅子，受照顾的女士不必对这一前一后的殷勤有特别的想法，这是他应该的。

告别：如果你不想太引人注目，最好不要第一个告辞，也不要最后一个离开，其间你什么时候告辞都可以，只是一旦告辞就应该爽快地离开。

商务宴会的交谈礼仪

宴会为社交和娱乐提供了一个很好的平台，一般来说参加宴会的客人很难会相互认识，鉴于此，主人应该一一介绍。介绍时应注意要向客人介绍说明来宾的构成，具体在做某人的介绍时要将他的姓名、称衔和职业爱好等做一介绍。

交流是宴会上客人相互了解和结识的前提，因此要注意宴会上谈话内容的选择，要尽量达到大部分参加宴会的客人都有兴趣。一般比较适合谈一些愉快健康的见闻、真切的感受等。谈话的形式可分为三种。

一是全体客人同时参与谈话，而对于这种交谈，通常最近的新闻大事、社会消息、市场经济是大家谈论的焦点。

二是临近座位上两人的谈话，如个人爱好、个人最近身体工作情况等都是不错的开场论题。

三是多人谈话，包括同席人，但不是全体。谈话时，最好找一个适时的主题开始，如文学艺术、体育、音乐等。

谈话的同时还要注意气氛调节，切忌只同亲近的人或就近的人谈而冷落了全席的人，不应该闭口不谈，应始终找些共同的话题，引起全席人的情绪，调动氛围，使气氛热烈而欢快。但交谈时尽量不要涉及政治方面的问题，因为政治上大家难免有不同看法，甚至完全对立，造成话不投机半句多的局面，闹得宴席上很不愉快。谈话时也尽量不要谈及职业问题，一谈起职业来就容易使人感到有比高低之嫌，职业低者易形成失落感。

商务宴请的几点禁忌

宴请客人时优先考虑的问题是什么？是菜肴的安排。

你一定要问对方不吃什么、有什么忌讳。不同民族有不同的习惯，我们必须尊重民族习惯。

第一，西方人有六不吃。

（1）不吃动物内脏。

（2）不吃动物的头和脚。

（3）不吃宠物，尤其是猫和狗。

（4）不吃珍稀动物。

（5）不吃淡水鱼，淡水鱼有土腥味。

（6）不吃无鳞无鳍的动物如蛇、鳝等。

第二，商务就餐五不能。

（1）不能非议国家和政府。

（2）不能涉及国家和行业秘密。

（3）不能在背后说领导、同事、同行的坏话。

（4）不能谈论格调不高的问题，我们都是现代人，要有修养。

（5）不涉及私人问题，关心人要有度，关心过度是一种伤害。

第三，私人问题四不问。

（1）不问收入，收入与个人能力和企业效益有关，谈论就要比较，痛苦来自比较之中。朋友可以问，外人不可以问。

（2）不问年龄，快退休的人和白领丽人的年龄最好别问。

（3）不问婚姻家庭，因为家家都有本难念的经。

（4）不问经历，英雄不问出处，重在现在。你是大学生，人家不一定是大学生。